글씨체 바로잡기와 받아쓰기

새 교과서 완벽 반영 바르고 예쁜 글씨

3-1 가

글씨 쓰기 기초 다지기 5

독서 단원 29
1단원 재미가 톡톡톡 42
2단원 문단의 짜임 52
3단원 알맞은 높임 표현 64
4단원 내 마음을 편지에 담아 74
5단원 중요한 내용을 적어요 84

3-1 나

6단원 일이 일어난 까닭 94
7단원 반갑다, 국어사전 102
8단원 의견이 있어요 114
9단원 어떤 내용일까 124
10단원 문학의 향기 130

다시 한 번 꼭꼭 다지기 140
단원별 받아쓰기 급수표 145

도서출판 학은미디어

지도하시는 분(학부모, 교사)께

- 국어 읽기와 쓰기는 전 교과 학습의 기초가 됩니다. 특히 글씨 쓰기는 두뇌 발달과 집중력 향상, 고운 심성을 기르는 데 매우 좋습니다.

- 글씨를 잘 쓰면 자연스럽게 학습 동기가 유발되고, 모든 일에 자신감을 갖게 되며, 다른 학습에도 전이 효과가 매우 큽니다.

- 연필 잡는 방법과 앉아 쓰는 자세는 글씨 쓰기에 큰 영향을 미치고, 신체 발육과 건강에도 관계됩니다. (국어 1-가 참조, 지속적으로 지도해 주십시오.)

- 글씨를 잘 쓴다는 것은 바르고 예쁜 글자의 모양〔字形〕을 이룬다는 것이므로, 자형에 관심을 갖고 인식하도록 지도하는 것이 중요합니다.

- 한글 자형의 구조를 관찰하여 인식하도록 도와줍시다.
    - 같은 낱자라도 자리잡는 위치와 어떤 낱자를 만나느냐에 따라 모양이 달라지기 때문에 획의 방향, 길이, 간격 등을 잘 관찰하면서 쓰도록 하면 효과가 큽니다.
    - 모범 글씨를 보고 쓴 자기 글씨를 비교·관찰하면서, 잘된 부분과 그렇지 않은 부분을 찾아보게 하면 바른 자형의 조건을 인식하는 데 도움이 됩니다.

- 4등분된 네모 칸에 중심을 잡아 글자를 배치하는 것이 어린이들에겐 쉽지 않기 때문에 글자의 시작 지점〔始筆點〕 선정을 잘하도록 도와줍시다.

- 이 책은 국어 3~4학년군 ❸-1가/나 교과서를 바탕으로 국어 학습의 기초를 다지고, 바르고 아름다운 글씨체를 익힐 수 있도록 엮었습니다.

- 하루에 너무 많은 분량을 쓰게 하면 글씨 쓰기에 흥미를 잃을 수 있습니다.

- 막연한 칭찬보다는 구체적으로 지적하며 칭찬해 주는 것이 효과적입니다.

이 책의 구성과 활용 방법

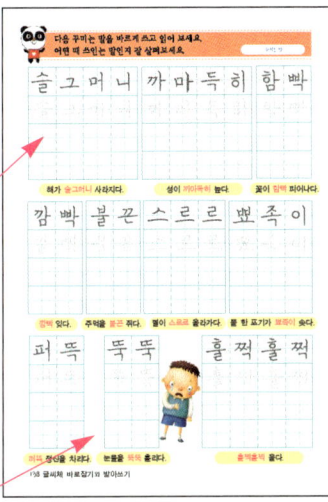

흐린 글씨를 따라 쓰고 빈칸에 여러 번 써 봄으로써 충실한 쓰기 연습이 이루어져요.

시원한 크기의 모눈 칸에 쓰도록 하여, 바르고 아름다운 글씨체를 재미있고 쉽게 익힐 수 있어요.

생생한 실물 사진과 재미있는 그림으로 학습 효과를 높이고 보는 즐거움을 더했어요.

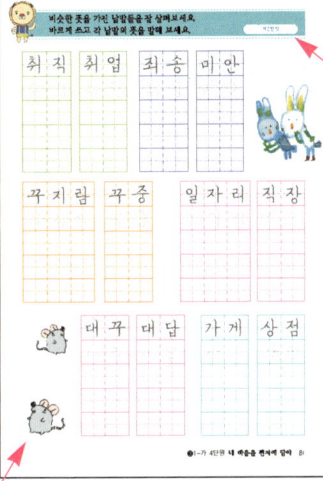

각 페이지의 주요 학습 내용을 밝혀 쓰기뿐만 우리말의 원리를 이해하는 데 도움이 되고, 국어 학습에도 도움이 됩니다.

빈칸에 쓴 글씨는 지우개로 지우고 다시 연습해도 좋아요.

〈국어〉〈국어 활동〉책의 내용이 골고루 담겨 있어, 국어 실력도 쑥쑥 자라나요.

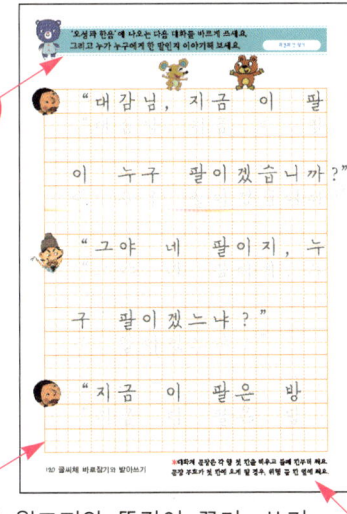

어린이가 꼭 알고 주의해야 할 사항을 지시문에 담았어요.

실제 원고지와 똑같이 꾸며, 쓰기 연습을 하면서 원고지 사용법과 문장 부호의 쓰임새를 자연스럽게 익힐 수 있어요.

바르고 고운 손글씨로 정통 글씨체를 체계적으로 충실히 익혀요.

초등학교 3학년 수준에 맞는 영어 단어도 곁들여 더욱 재미있어요. (영어 발음은 참고용으로, 국제 음성 기호에 최대한 가까운 우리말 표기를 곁들였어요.)

도움말을 곁들여 머릿속에 쏙쏙 들어와요.

한 민족이 고유한 언어를 가지고 있고, 그 언어를 기록할 수 있는 고유한 글자를 가지고 있다는 것은 참으로 자랑스러운 일입니다.
이 지구상에서 사용되는 언어는 수천 가지에 이릅니다. 그러나 그 언어를 담아내는 글자를 가진 민족은 그 수보다 훨씬 적습니다.

우리도 세종 대왕께서 **훈민정음**, 즉 **한글**을 창제하시기 전까지는 중국의 한자를 빌려 사용하였습니다. 하지만, 배우기 쉽고 과학적인 한글을 갖게 됨으로써 민족에 대해 긍지를 갖게 되고, 문화와 문명도 더욱 발전하였지요.

그런데 기계 문명이 발달하고 세계화가 진행되면서 우리 말과 글이 날로 훼손되고 있습니다. 외래어를 마구 사용하고, 우리 말과 글을 이상야릇하게 왜곡하여 사용하며, 영어 등 다른 나라 말을 중요하게 여기는 경향이 있지요.

물론 세계화에 발맞추어 다른 나라 언어에도 관심을 기울여야 함은 당연합니다. 그러나 그보다 먼저 우리의 뿌리인 **국어**를 정확하게 알고, 바르게 사용할 줄 알아야 합니다.

이 책을 통해 바르고 아름다운 **글씨체**를 익히고, 아울러 **국어 학습**의 기초를 단단히 다져 국어 사랑, 나라 사랑을 실천하기 바랍니다.

– 엮은이 –

'훈민정음'은 '백성을 가르치는 바른 소리'란 뜻이에요. 백성을 위하는 마음이 빚어 낸 사랑의 발명품이지요.

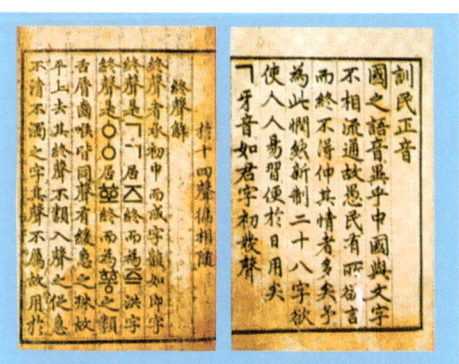

▲ '훈민정음'을 만들게 된 까닭, '훈민정음'에 대한 상세한 해설 등이 실린 책 〈훈민정음〉. 국보 제70호.

글씨 쓰기 기초 다지기

- 자음자를 쓰는 순서에 맞게 바르게 써 봅니다.
- 자음자의 이름을 정확히 알고, 받침에 주의하며 바르게 써 봅니다.
- 모음자의 이름을 알고, 모음자를 쓰는 순서에 맞게 바르게 써 봅니다.
- 자음자와 모음자를 합하여 받침 없는 글자를 만들고 바르게 써 봅니다.
- 받침 없는 글자와 자음자를 합하여 받침 있는 글자를 만들고, 쓰는 순서에 맞게 바르게 써 봅니다.
- 모음자 ㅏ와 ㅑ, ㅓ와 ㅕ, ㅗ와 ㅛ, ㅜ와 ㅠ, ㅣ와 ㅡ와 ㅢ, ㅐ와 ㅔ, ㅒ와 ㅖ, ㅘ와 ㅙ와 ㅚ, ㅝ와 ㅞ와 ㅟ를 서로 비교하며 살펴보고, 각 모음자가 쓰인 낱말을 바르게 써 봅니다.
- 문장 부호의 이름과 쓰임을 정확히 알고, 바르게 써 봅니다.

ㄱ부터 ㅅ까지 자음자의 이름을 큰 소리로 읽고, 자음자를 순서에 맞게 바르게 써 보세요.

자음자 쓰기

기역	니은	디귿	리을	미음	비읍	시옷
ㄱ	ㄴ	ㄷ	ㄹ	ㅁ	ㅂ	ㅅ
ㄱ	ㄴ	ㄷ	ㄹ	ㅁ	ㅂ	ㅅ
ㄱ	ㄴ	ㄷ	ㄹ	ㅁ	ㅂ	ㅅ
ㄱ	ㄴ	ㄷ	ㄹ	ㅁ	ㅂ	ㅅ
ㄱ	ㄴ	ㄷ	ㄹ	ㅁ	ㅂ	ㅅ

자음자(ㄱ~ㅅ)의 이름을 쓰는 순서에 맞게 바르게 쓰고, 소리 내어 읽으며 정확히 익히세요.

자음자의 이름

ㄱ	기역 기역 기역 기역 기역
ㄴ	니은 니은 니은 니은 니은
ㄷ	디귿 디귿 디귿 디귿 디귿
ㄹ	리을 리을 리을 리을 리을
ㅁ	미음 미음 미음 미음 미음
ㅂ	비읍 비읍 비읍 비읍 비읍
ㅅ	시옷 시옷 시옷 시옷 시옷

＊받침에 주의하며 익히세요. 각 자음자가 그대로 쓰입니다.

ㅇ부터 ㅎ까지 자음자의 이름을 큰 소리로 읽고, 자음자를 순서에 맞게 바르게 써 보세요.

자음자 쓰기

이응	지읒	치읓	키읔	티읕	피읖	히읗
ㅇ	ㅈ	ㅊ	ㅋ	ㅌ	ㅍ	ㅎ
ㅇ	ㅈ	ㅊ	ㅋ	ㅌ	ㅍ	ㅎ
ㅇ	ㅈ	ㅊ	ㅋ	ㅌ	ㅍ	ㅎ
ㅇ	ㅈ	ㅊ	ㅋ	ㅌ	ㅍ	ㅎ
ㅇ	ㅈ	ㅊ	ㅋ	ㅌ	ㅍ	ㅎ

*자음자(ㅇ~ㅎ)의 이름을 쓰는 순서에 맞게 바르게 쓰고, 소리 내어 읽으며 정확히 익히세요.

자음자의 이름

ㅇ	이응	이응	이응	이응	이응
ㅈ	지읒	지읒	지읒	지읒	지읒
ㅊ	치읓	치읓	치읓	치읓	치읓
ㅋ	키읔	키읔	키읔	키읔	키읔
ㅌ	티읕	티읕	티읕	티읕	티읕
ㅍ	피읖	피읖	피읖	피읖	피읖
ㅎ	히읗	히읗	히읗	히읗	히읗

*받침에 주의하며 익히세요. 각 자음자가 그대로 쓰입니다.   글씨 쓰기 기초 다지기

모음자 ㅏ, ㅑ, ㅓ, ㅕ, ㅗ, ㅛ, ㅜ를 순서에 맞게 바르게 써 보세요.
각 모음자의 이름을 큰 소리로 읽어 보세요.

모음자 쓰기

아	야	어	여	오	요	우
ㅏ	ㅑ	ㅓ	ㅕ	ㅗ	ㅛ	ㅜ
ㅏ	ㅑ	ㅓ	ㅕ	ㅗ	ㅛ	ㅜ
ㅏ	ㅑ	ㅓ	ㅕ	ㅗ	ㅛ	ㅜ
ㅏ	ㅑ	ㅓ	ㅕ	ㅗ	ㅛ	ㅜ
ㅏ	ㅑ	ㅓ	ㅕ	ㅗ	ㅛ	ㅜ

**모음자 ㅠ, ㅡ, ㅣ, ㅐ, ㅒ, ㅔ, ㅖ를 순서에 맞게 바르게 써 보세요.
각 모음자의 이름을 큰 소리로 읽어 보세요.**

모음자 쓰기

유	으	이	애	얘	에	예
ㅠ	ㅡ	ㅣ	ㅐ	ㅒ	ㅔ	ㅖ

글씨 쓰기 기초 다지기

자음자와 모음자를 합하여 글자를 만들고, 바르게 글씨를 써 보세요.
완성한 글자를 큰 소리로 읽어 보세요.

받침 없는 글자

모음자 / 자음자	ㅏ	ㅑ	ㅓ	ㅕ	ㅗ	ㅛ	ㅜ	ㅠ
ㄱ	가	갸	거	겨	고	교	구	규
ㄴ	나	냐	너	녀	노	뇨	누	뉴
ㄷ	다	댜	더	뎌	도	됴	두	듀
ㄹ	라	랴	러	려	로	료	루	류
ㅁ	마	먀	머	며	모	묘	무	뮤

자음자와 모음자를 합하여 글자를 만들고, 바르게 글씨를 써 보세요.
완성한 글자를 큰 소리로 읽어 보세요.

받침 없는 글자

모음자 / 자음자	ㅏ	ㅑ	ㅓ	ㅕ	ㅗ	ㅛ	ㅜ	ㅠ
ㅂ	바	뱌	버	벼	보	뵤	부	뷰
ㅅ	사	샤	서	셔	소	쇼	수	슈
ㅇ	아	야	어	여	오	요	우	유
ㅈ	자	쟈	저	져	조	죠	주	쥬
ㅊ	차	챠	처	쳐	초	쵸	추	츄

자음자와 모음자를 합하여 글자를 만들고, 바르게 글씨를 써 보세요.
완성한 글자를 큰 소리로 읽어 보세요.

받침 없는 글자

모음자 자음자	ㅏ	ㅑ	ㅓ	ㅕ	ㅗ	ㅛ	ㅜ	ㅠ
ㅋ	카	캬	커	켜	코	쿄	쿠	큐
ㅌ	타	탸	터	텨	토	툐	투	튜
ㅍ	파	퍄	퍼	펴	포	표	푸	퓨
ㅎ	하	햐	허	혀	호	효	후	휴

자음자와 모음자를 합하여 글자를 만들어 빈칸에 써 보세요.
완성한 글자를 큰 소리로 읽어 보세요.

받침 없는 글자

모음자 / 자음자	ㅏ	ㅑ	ㅓ	ㅕ	ㅗ	ㅛ	ㅜ	ㅠ	ㅡ	ㅣ
ㄱ										
ㄴ										
ㄷ										
ㄹ										
ㅁ										
ㅂ										
ㅅ										
ㅇ										
ㅈ										
ㅊ										
ㅋ										
ㅌ										
ㅍ										
ㅎ										

받침 없는 글자에 자음자를 합하여 받침 있는 글자를 만들고, 바르게 써 보세요.

받침 있는 글자

자음자 / 글자	ㄱ	ㄴ	ㄷ	ㄹ	ㅁ	ㅂ	ㅅ	ㅇ
가	각	간	갇	갈	감	갑	갓	강
	각	간	갇	갈	감	갑	갓	강
나	낙	난	낟	날	남	납	낫	낭
	낙	난	낟	날	남	납	낫	낭
다	닥	단	닫	달	담	답	닷	당
	닥	단	닫	달	담	답	닷	당

받침 없는 글자에 자음자를 합하여 받침 있는 글자를 만들고, 바르게 써 보세요.

받침 있는 글자

자음자 글자	ㅈ	ㅊ	ㅌ	ㅍ	ㅎ	ㅂ	ㅊ	ㅎ
가	갖	갗	같	갚	갛	갑	갗	갛
🍎								
🍈								
🍇								
나	낮	낯	낱	🍌	낳	납	낯	낳
🍊								
🍓								
🍈								
다	닺	닻	🍎	🍑	닿	답	닻	닿
🍊								
🍌								

* 받침 없는 글자에 자음자를 합해 만드는 글자 중에는 사용되지 않는 글자들도 있습니다.

받침 없는 글자에 자음자를 합하여 받침 있는 글자를 만들고, 바르게 써 보세요.

받침 있는 글자

자음자 글자	ㄱ	ㄴ	ㄷ	ㄹ	ㅁ	ㅂ	ㅅ	ㅇ
마	막	만	맏	말	맘	맙	맛	망
바	박	반	받	발	밤	밥	밧	방
아	악	안		알	암	압	앗	앙

18 글씨체 바로잡기와 받아쓰기

받침 없는 글자에 자음자를 합하여 받침 있는 글자를 만들고, 바르게 써 보세요.

받침 있는 글자

자음자 / 글자	ㅈ	ㅊ	ㅌ	ㅍ	ㅎ	ㅂ	ㅊ	ㅎ
마	맞		맡		맣	맙		맣
바			밭			밥		
아			앝	앞		압		

*받침 없는 글자에 자음자를 합해 만드는 글자 중에는 사용되지 않는 글자들도 있습니다.

**'ㅏ'와 'ㅑ'의 모양에 주의하며 낱말을 바르게 써 보세요.
그리고 받침 있는 글자의 받침을 잘 살펴보세요.**

모음자 ㅏ, ㅑ와 낱말

모음자 'ㅏ'와 'ㅑ'를 찾아보세요.

| 자 | 랑 | 장 | 마 | 잠 | 하 | 늘 | 할 | 미 | 꽃 |

| 가 | 위 | 강 | 아 | 지 | 바 | 다 | 반 | 지 |

| 야 | 구 | 공 | 양 | 말 | 샤 | 워 | 샴 | 푸 |

✱ 받침 없는 글자와 받침 있는 글자의 모양을 잘 비교하여 보세요.

'ㅓ'와 'ㅕ'의 모양에 주의하며 낱말을 바르게 써 보세요.
그리고 받침 있는 글자의 받침을 잘 살펴보세요.

모음자 ㅓ, ㅕ와 낱말

| 어 | 엉 | 여 | 열 |

모음자 'ㅓ'와 'ㅕ'를 찾아보세요.

너울   너구리   넝마   어머니

기억   엉덩이   겨울   경찰

여우   여름   열매   염소

'ㅗ', 'ㅛ'의 모양에 주의하며 낱말을 바르게 써 보세요.
그리고 큰 소리로 읽어 보세요.

모음자 ㅗ, ㅛ와 낱말

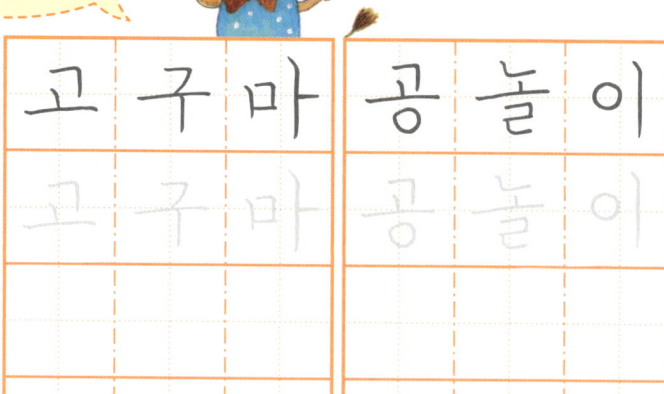

모음자 'ㅗ'와 'ㅛ'를 찾아보고, 발음을 비교해 보세요.

| 소라 | 속도 | 고구마 | 공놀이 |

| 오리 | 옹기 | 노래 | 농부 |

| 요리 | 용기 | 수요일 | 욕심 |

'ㅜ', 'ㅠ'의 모양에 주의하며 낱말을 바르게 써 보세요.
그리고 큰 소리로 읽어 보세요.

모음자 ㅜ, ㅠ와 낱말

'ㅜ'와 'ㅠ'의 모양을 비교해 보세요.

우리 운동장

구멍 국수

주머니 죽

무지개 물

유지 육교

휴지통 흉내

'ㅣ', 'ㅡ', 'ㅢ'의 모양에 주의하며 낱말을 바르게 써 보세요.
그리고 큰 소리로 읽어 보세요.

모음자 ㅣ, ㅡ, ㅢ와 낱말

'ㅣ', 'ㅡ', 'ㅢ'의 모양을 서로 비교해 보세요.

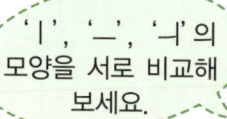

| 이 | 름 | 잉 | 어 | | 기 | 차 | 김 | 밥 |

| 그 | 림 | 금 | 붕 | 어 | 글 | 씨 | 음 | 식 |

| 희 | 망 | 흰 | 색 | 의 | 미 | 예 | 의 | 의 | 자 |

'ㅐ'와 'ㅔ', 'ㅒ'와 'ㅖ'의 모양에 주의하며 낱말을 써 보세요.
그리고 큰 소리로 읽어 보세요.

모음자 ㅐ, ㅔ, ㅒ, ㅖ와 낱말

| 개 | 게 | 걔 | 계 |

| 개울 | 채움 | 샘물 | 냄새 | 냄비 |

| 제일 | 꽃게 | 멜빵 | 지게 |

| 얘기 | 걔쟤 | 계절 | 예의 |

글씨 쓰기 기초 다지기 25

'ㅘ', 'ㅙ', 'ㅚ'의 모양에 주의하며 낱말을 바르게 써 보세요.
그리고 큰 소리로 읽어 보세요.

모음자 ㅘ, ㅙ, ㅚ와 낱말

모음자 ㅘ, ㅙ, ㅚ를 찾아보세요!

| 과 자 | 관 광 | 화 음 | 완 성 |

| 돼 지 | 왜 적 | 횃 불 | 참 외 | 최 고 |

| 횡 단 | 쇠 고 기 | 된 장 |

'ㅟ', 'ㅖ', 'ㅟ'의 모양에 주의하며 낱말을 바르게 써 보세요.
그리고 큰 소리로 읽어 보세요.

모음자 ㅟ, ㅖ, ㅟ와 낱말

| 워 | 예 | 귀 |

모음자 ㅟ, ㅖ, ㅟ를 찾아 서로 비교해 보세요.

| 워낙 | 천리 | 월세 | 원수 | 훤히 |

| 계짝 | 훼손 | 귀국 | 위치 |

| 귀뚜라미 | 뒤주 | 앞뒤 | 위로 |

글씨 쓰기 기초 다지기 27

문장 부호의 이름을 알고, 어떤 때에 쓰는지 잘 살펴보세요.
문장을 읽을 때의 방법도 알아보세요.

문장 부호의 이름과 쓰임

. **(마침표)** 문장 끝에 씁니다. 쉼표보다 조금 길게 띄어 읽습니다.

마침표.

, **(쉼표)** 부르는 말이나 대답하는 말 뒤에 씁니다. 마침표보다 조금 짧게 띄어 읽습니다.

쉼표,

! **(느낌표)** 느낌을 나타내는 문장 끝에 씁니다. 마침표와 같이 조금 길게 띄어 읽되, 느낌을 살려 읽습니다.

느낌표!

? **(물음표)** 묻는 문장 끝에 씁니다. 마침표와 같이 조금 길게 띄어 읽되, 끝을 올려 읽습니다.

물음표?

*마침표는 온점, 쉼표는 반점이라고도 합니다.

3-1㉮ 독서 단원

독서 준비
읽을 책을 정하고,
표지와 그림을 꼼꼼히 살펴보며
책 내용을 예상해 보아요.

독서
책 읽기 방법을 정하고,
자신의 경험과 관련지어 책을 읽어요.

독서 후
책 내용을 간추리고,
친구들과 함께 생각을 나누어 보고
읽은 책에 대해 정리해요.

다음을 바르게 쓰고 큰 소리로 읽어 보세요.
읽을 책을 정하는 방법에 대해 자세히 알아보세요.

읽을 책 정하기

책을 고르기에 앞서

선택 기준을 정한 다음

책을 고르면 자신에게

맞는 책을 고를 수 있

어요.

다음을 바르게 쓰고 큰 소리로 읽어 보세요.
책 읽기 방법에 대해 자세히 알아보세요.

책 읽기 방법

책은 혼자 읽고 생각

할 수도 있고, 친구들과

함께 읽고 서로 생각을

나눌 수도 있어요.

선택 기준 함께 자신

다음 낱말을 바르게 쓰고 큰 소리로 읽어 보세요.
그리고 각 낱말에 대해 이야기해 보세요.

독서 관련 낱말 쓰기

학급 문고

학교 도서관

우리 집 책꽂이

혼자

짝

지역 도서관

모둠

학급

다음 낱말을 바르게 쓰고 큰 소리로 읽어 보세요.
그리고 각 낱말에 대해 이야기해 보세요.

낱말 쓰기

장신구 파란색 물통 팔찌

조개껍데기 별주부전 발레

등장인물 검은 봉지 청소부

다음을 바르게 쓰고 큰 소리로 읽어 보세요.
글의 내용을 정리하는 방법에 대해 알아보세요.

글을 읽고 정리하기

이야기 글은 누가, 언제, 어디에서, 무엇을 했나를 생각해 보고 간추려요. 그리고 설명하는

다음을 바르게 쓰고 큰 소리로 읽어 보세요.
글의 내용을 정리하는 방법에 대해 알아보세요.

글을 읽고 정리하기

글은 중요한 낱말을 중심으로 정리한 뒤에 관련 있는 내용을 덧붙이며 간추려요.

다음을 바르게 쓰고 큰 소리로 읽어 보세요.
'별주부전'에 대해 자유롭게 이야기해 보세요.

별주부전

옛날, 바다에 사는 용왕이 큰 병에 걸렸다.

의사가 육지에 사는 토끼의 간을 먹으면 낫는다고 했다.

다음을 바르게 쓰고 큰 소리로 읽어 보세요.
'별주부전'에 대해 자유롭게 이야기해 보세요.

별주부전

용왕은 신하 별주부에게 토끼를 데려오라고 했다.

별주부는 육지로 나가 토끼를 속여서 데려왔다.

모양, 색깔과 관계있는 낱말을 바르게 써 보세요.
그리고 영어도 익히세요.

색깔과 모양 관련 낱말

triangle [tráiæŋgl] 트라이앵글　　**square** [skwɛər] 스퀘어　　**circle** [sə́ːrkl] 서어클　　**heart** [háːrt] 하아트

| 세 모 | 네 모 | 동 그 라 미 | 하 트 |

star [stáːr] 스타아

red [réd] 레드　　**orange** [ɔ́ːrindʒ] 오오린쥐　　**yellow** [jélou] 옐로우　　**green** [gríːn] 그리인

| 별 | 빨 강 | 주 황 | 노 랑 | 초 록 |

모양, 색깔과 관계있는 낱말을 바르게 써 보세요.
그리고 영어도 익히세요.

색깔과 모양 관련 낱말

 blue [blúː] 블루우

 indigo [índəgòu] 인더고우

 purple [pə́ːrpl] 퍼어플

 pink [píŋk] 핑크

 brown [bráun] 브라운

| 파랑 | 남색 | 보라 | 분홍 | 갈색 |

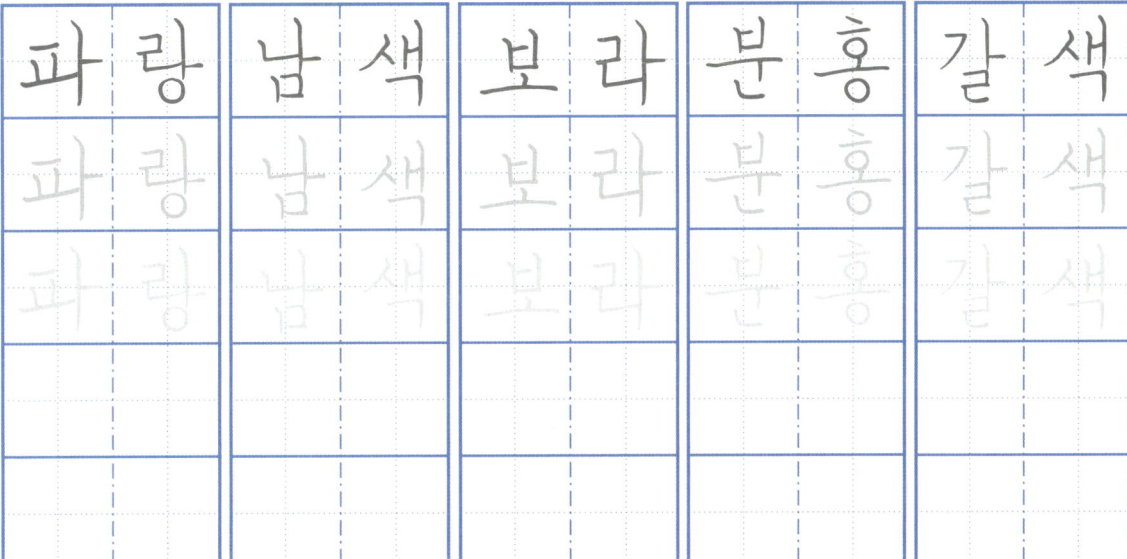

 white [hwáit] 와이트

 gray [gréi] 그레이

 black [blǽk] 블랙

 yellowish green [jélouiʃ gríːn] 옐로우이쉬 그리인

 scarlet [skáːrlit] 스카아알릿

| 하양 | 회색 | 검정 | 연두 | 주홍 |

다음을 바르게 쓰고 큰 소리로 읽어 보세요.
여러분도 좋은 독서 습관을 길러 보세요.

독서 습관 기르기

새 책을 읽기 시작할 때 기분이 설렌다.

내가 책 속 등장인물이 된 것 같은 느낌으로 읽는다.

3-1㉮ 1~5단원

1단원 재미가 톡톡톡
시와 이야기에 나타난 감각적 표현을 살펴봐요.

2단원 문단의 짜임
문단의 중심 문장과 뒷받침 문장을 알아요.

3단원 알맞은 높임 표현
높임을 표현하는 방법과 언어 예절을 익혀요.

4단원 내 마음을 편지에 담아
알맞은 말을 사용하여 마음이 잘 드러나게 편지를 써요.

5단원 중요한 내용을 적어요
글을 읽고 중요한 내용을 간추려 정리해요.

'감각적 표현'이란 무엇일까요?
다음을 바르게 쓰고 큰 소리로 읽으면서 알아보세요.

감각적 표현이란?

우리는 눈으로 보고,

귀로 듣고, 입으로 맛보

고, 코로 냄새 맡고, 손

으로 만지면서 사물을

'감각적 표현'이란 무엇일까요?
다음을 바르게 쓰고 큰 소리로 읽으면서 알아보세요.

감각적 표현이란?

느낄 수 있어요. 사물의

느낌을 생생하게 표현한

것을 감각적 표현이라고

해요.

다음을 바르게 쓰고 큰 소리로 읽으세요.
그리고 각 표현에 대해 자유롭게 이야기해 보세요.

재미있는 감각적 표현

독수리처럼 빠르게 달
려가는 자전거

보들보들 푹신한 내

곱슬머리

다음을 바르게 쓰고 큰 소리로 읽으세요.
그리고 각 표현에 대해 자유롭게 이야기해 보세요.

재미있는 감각적 표현

부글부글 내 마음 끓는 소리

돌멩이처럼 단단하고 딱딱한 호두

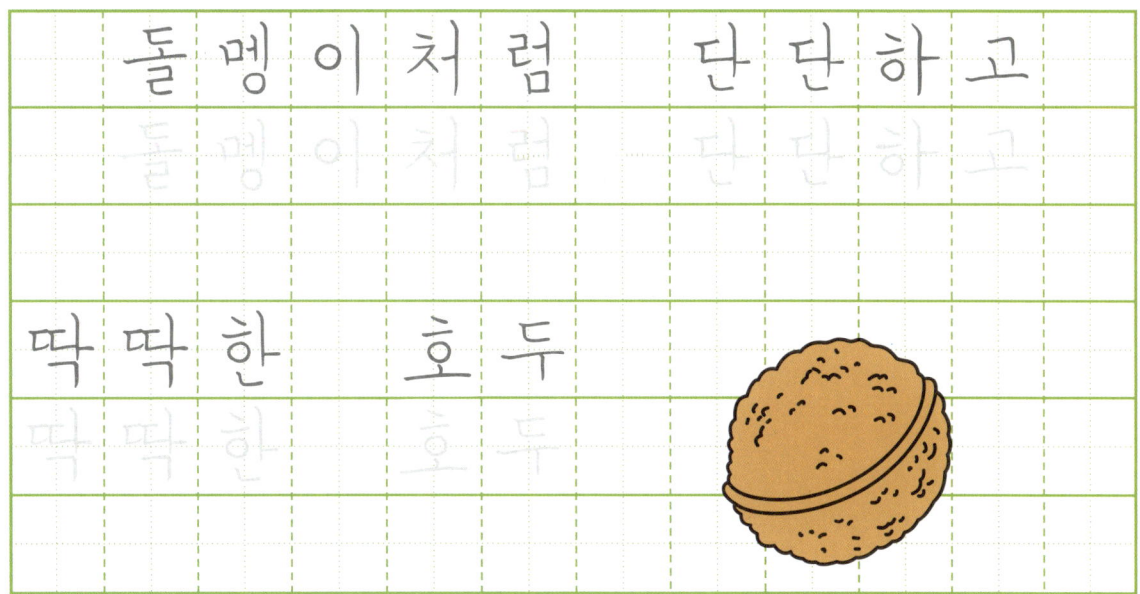

다음 낱말을 바르게 쓰고 읽어 보세요.
그리고 각 낱말에 대해 이야기해 보세요.

낱말 익히기

| 끝자락 | 겨울바람 | 민들레꽃 |

| 돌멩이 | 실로폰 | 하늘빛 | 맥박 |

| 이틀째 | 담벼락 | 까무룩 | 쇠사슬 |

다음 낱말을 바르게 쓰고 읽어 보세요.
그리고 각 낱말에 대해 이야기해 보세요.

낱말 익히기

바위섬	앞다투어	오랜만에
비린내	쓰레기	대왕오징어
반나절	헐레벌떡	숨바꼭질

다음을 바르게 쓰고 큰 소리로 읽어 보세요.
그리고 오른쪽 페이지에서 알맞은 낱말을 찾아보세요.

직업이나 특성을 나타내는 말

옹기를 만드는 사람

옷을 잘 입는 사람

벽에 종이 붙이는 일

을 직업으로 하는 사람

'~장이'와 '~쟁이'가 든 낱말을 바르게 쓰세요.
그리고 각 낱말에 대해 설명해 보세요.

직업이나 특성을 나타내는 말

| 고집쟁이 | 개구쟁이 | 심술쟁이 |

| 욕쟁이 | 멋쟁이 | 방귀쟁이 |

으악!
핵 폭탄이다!
사람 살려!

| 대장장이 | 옹기장이 | 도배장이 |

여러 가지 직업의 이름을 바르게 써 보세요.
여러분은 어떤 직업을 갖고 싶나요?

여러 가지 직업

pianist [piǽnist] 피애니스트

doctor [dáktər] 닥터

policeman [pəlíːsmən] 펄리이스먼

피아니스트	의사	경찰관
피아니스트	의사	경찰관
피아니스트	의사	경찰관

farmer [fáːrmər] 파아머

driver [dráivər] 드라이버

fisherman [fíʃərmən] 피셔먼

cook [kúk] 쿡

농부	운전사	어부	요리사
농부	운전사	어부	요리사
농부	운전사	어부	요리사

50 글씨체 바로잡기와 받아쓰기

여러 가지 직업의 이름을 바르게 써 보세요.
여러분은 어떤 직업을 갖고 싶나요?

여러 가지 직업

teacher [tíːtʃər] **티**이처   painter [péintər] **페**인터   scientist [sáiəntist] **사**이언티스트   soldier [sóuldʒər] **소**울저

선생님   화가   과학자   군인

nurse [nəːrs] **너**어스   singer [síŋər] **싱**어   postman [póustmən] **포**우스트먼   miner [máinər] **마**이너

간호사   가수   집배원   광부

다음을 바르게 쓰고, 큰 소리로 읽어 보세요.
로봇에 대해 자유롭게 이야기해 보세요.

여러 가지 로봇

로봇은 여러 가지 일

을 합니다. 감시용 로봇

은 도둑이 집에 들어오

는지 살피는 일을 합니

다. 해양 탐사 로봇은

다음을 바르게 쓰고, 큰 소리로 읽어 보세요.
로봇에 대해 자유롭게 이야기해 보세요.

여러 가지 로봇

바다 깊은 곳에 가서

그곳 상태를 조사합니다.

정확하게 수술하는 의료

용 로봇도 있습니다.

다음을 바르게 쓰고 큰 소리로 읽어 보세요.
중심 문장과 뒷받침 문장에 대해 알아보세요.

동물들의 보호색

동물들은 보호색으로
자신의 몸을 지킵니다.
나뭇잎을 기어 다니는
애벌레는 초록색이어서

다음을 바르게 쓰고 큰 소리로 읽어 보세요.
중심 문장과 뒷받침 문장에 대해 알아보세요.

동물들의 보호색

눈에 잘 띄지 않습니다.

나방은 나무껍질과 비슷한 보호색으로 적을 속입니다.

여러 가지 곤충의 이름을 바르게 쓰세요.
그리고 영어 이름도 살펴보세요.

여러 가지 곤충

butterfly [bʌ́tərflài]
버터플라이

ladybug [éidibʌ̀g] 레이디버그

cicada [sikéidə] 씨케이더

ant [ǽnt] 앤트

나비 무당벌레 매미 개미

mosquito [məskíːtou]
머스키이토우

dragonfly [drǽgənflài]
드래건플라이

fly [flái] 플라이

mantis [mǽntis] 맨티스

모기 잠자리 파리 사마귀

56 글씨체 바로잡기와 받아쓰기

여러 가지 곤충의 이름을 바르게 쓰세요.
그리고 영어 이름도 살펴보세요.

여러 가지 곤충

firefly [fáiərflài] 파이어플라이   moth [mɔ́ːθ] 모오쓰   cricket [kríkit] 크리킷

반딧불이   나방   귀뚜라미

bee [bíː] 비이   caterpillar [kǽtərpìlər] 캐터필러   spider [spáidər] 스파이더   grasshopper [grǽshɑ̀pər] 그래스하퍼

벌   애벌레   거미   메뚜기

❸-1가 2단원 문단의 짜임

다음을 바르게 쓰고, 큰 소리로 읽어 보세요.
중심 문장과 뒷받침 문장을 찾아보세요.

장승의 모양

장승은 나무나 돌에

사람 얼굴 모습을 조각

해 만들었습니다. 할아버

지처럼 친근한 얼굴도

다음을 바르게 쓰고, 큰 소리로 읽어 보세요.
중심 문장과 뒷받침 문장을 찾아보세요.

장승의 모양

있고, 도깨비처럼 무서운

얼굴도 있습니다. 우스꽝

스러운 장난꾸러기 얼굴

을 한 장승도 있습니다.

다음을 바르게 쓰고 큰 소리로 읽어 보세요. 그리고 옛날에는 어떤 과자를 먹었는지 이야기해 보세요.

여러 가지 전통 과자

찹쌀가루에 반죽해 기

름에 튀긴 뒤에 고물을

묻힌 과자 강정

쌀, 찹쌀 같은 곡식이

나 고구마 녹말에 엿기

다음을 바르게 쓰고 큰 소리로 읽어 보세요. 그리고 옛날에는 어떤 과자를 먹었는지 이야기해 보세요.

여러 가지 전통 과자

름을 넣어 달게 졸인

과자 엿

밀가루를 꿀과 기름

따위로 반죽해 기름에

지진 과자 약과

파란색으로 쓰인 낱말을 잘 살펴보며 다음을 바르게 쓰세요.
그리고 또박또박 큰 소리로 읽어 보세요.

'안'과 '않'

오늘은 공휴일이어서

학교에 안 갔다.

친구에게 안 좋은 일

이 생기지 않도록 기도

하자.

파란색으로 쓰인 낱말을 잘 살펴보며 다음을 바르게 쓰세요.
그리고 또박또박 큰 소리로 읽어 보세요.

'안'과 '않'

친구는 까닭도 묻지

않고 나를 도와주었다.

평소에 운동을 하지

않았다면 몸이 많이 약

해졌을 거야.

다음을 바르게 쓰고 또박또박 읽어 보세요.
여러분도 부모님께 감사 편지를 써 보세요.

감사 편지 쓰기

어버이날을 맞이해 학교에서 부모님께 감사 편지를 써서 드리기로 했어요.

다음을 바르게 쓰고 큰 소리로 읽어 보세요. 그리고 두 문장을 비교하며 높임 표현에 대해 알아보세요.

높임 표현

 같아 : 같아요

진수야, 이 책이 재미있을 것 같아.

아버지, 이 책이 재미있을 것 같아요.

 간다 : 가신다

저기 진호가 간다.

저기 선생님께서 가신다.

다음을 바르게 쓰고 큰 소리로 읽어 보세요. 그리고 어떤 경우에 높임 표현을 사용하는지 알아보세요.

높임 표현

 줄 : 드릴

동생에게 줄 선물이야.

어머니께 드릴 선물이야.

다녀왔다 : 다녀왔습니다 하니? : 하시나요?

아버지, 학교에 다녀왔습니다.

어머니, 오늘은 출근 안 하시나요?

다음을 바르게 쓰고 큰 소리로 읽어 보세요. 그리고 어떤 경우에 높임 표현을 사용하는지 알아보세요.

높임 표현

 밥 먹어 : 진지 잡수세요 **물어볼** : 여쭈어볼

할아버지, 진지 잡수세요.

할머니, 여쭈어볼 것이 있어요.

할 : 드릴 **신발이야** : 신발이에요

선생님, 드릴 말씀이 있습니다.

이 신발이 요즘 인기 있는 신발이에요.

❸1-가 3단원 알맞은 높임 표현 67

다음을 바르게 쓰고 큰 소리로 읽어 보세요.
그리고 높임 표현을 찾아보세요.

높임 표현

분명한 목소리로 발표

해야 해요.

아버지와 함께 할머니

를 모시고 병원에 다녀

왔습니다.

다음을 바르게 쓰고 큰 소리로 읽어 보세요.
그리고 높임 표현을 찾아보세요.

높임 표현

우리 어머니께서도 이

영화를 좋아하셔.

부모님께 카네이션을

달아 드릴 거야.

예사말과 높임말을 알아보고, 바르게 써 보세요.
그리고 예사말과 높임말을 넣어 문장을 만들어 보세요.

예사말과 높임말

| 나이 | 연세 | 딸 | 따님 | 병 | 병환 |

| 데리고 | 모시고 | 물어 | 여쭈어 |

| 주었다 | 드렸다 | 한다 | 하신다 |

예사말과 높임말을 알아보고, 바르게 써 보세요.
그리고 예사말과 높임말을 넣어 문장을 만들어 보세요.

예사말과 높임말

| 먹는다 | 잡수신다 | 에게 | 께 |

| 밥 | 진지 | 잔다 | 주무신다 |

| 아들 | 아드님 | 마시다 | 드시다 |

1-가 3단원 알맞은 높임 표현

웃어른께 편지를 쓸 때에는 높임말을 사용해야 해요.
다음을 쓰면서 알아보세요.

높임 표현

사랑하는 엄마에게

할아버지, 잘 있지요?

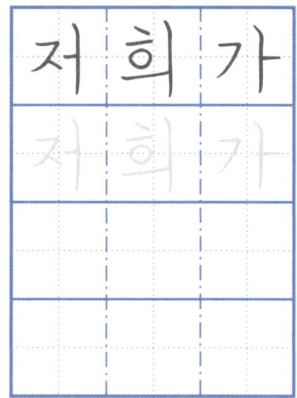

우리가 자전거 때문에

선생님께 물어볼 것이 있어요.

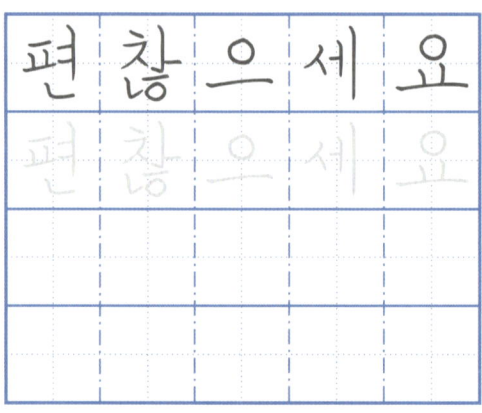

할머니, 많이 아파요?

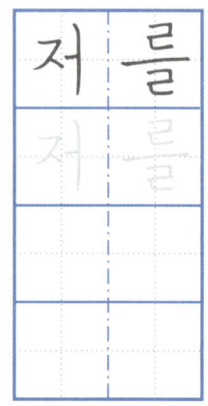

그동안 나를
키우시느라

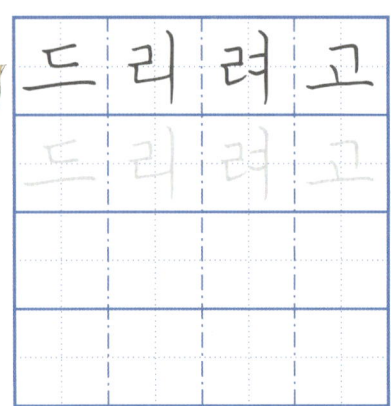

선생님께 주려고

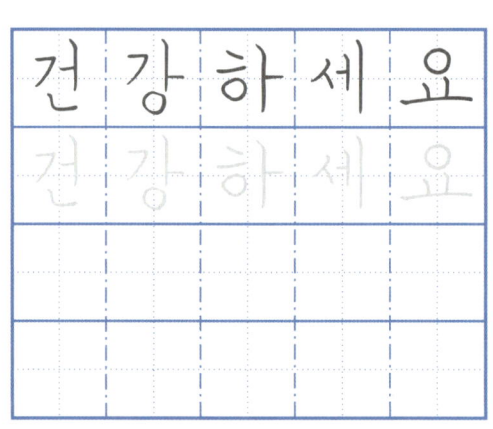

국군 아저씨도 건강해.

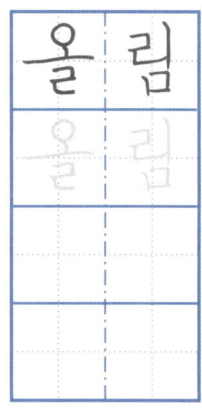

마루 씀

72 글씨체 바로잡기와 받아쓰기

다음을 바르게 쓰고, 파란색으로 쓰인 낱말의 발음에 주의하며 큰 소리로 읽어 보세요.

받침 ㅎ의 발음

노력하지 않고 좋은

결과를 얻을 수는 없다.

기초를 쌓지 않고 건

물을 지을 수는 없다.

*받침 'ㅎ'이 ㄱ, ㄷ, ㅈ을 만나면 각각 'ㅋ', 'ㅌ', 'ㅊ'으로 발음됩니다. '안코', '싸치'

다음을 바르게 쓰고 또박또박 읽어 보세요.
여러분도 어른들께 편지를 써 보세요.

어른께 편지 쓰기

사랑하는 할머니께

할머니, 생신 축하드려요.

지난 생신 때는 가족 모두 노래를 불러 드려

다음을 바르게 쓰고 또박또박 읽어 보세요.
여러분도 어른들께 편지를 써 보세요.

어른께 편지 쓰기

서 할머니께서 기뻐하셨

죠? 이번 생신 때는

할머니께서 제 편지를

받고 기뻐하셨으면 좋겠

어요.

다음을 바르게 쓰고 또박또박 읽어 보세요.
편지 쓰는 방법에 대해 알아보세요.

편지 쓰는 방법

편지를 쓸 때에는 받
을 사람, 첫인사, 전하고
싶은 말, 끝인사, 쓴 날
짜, 쓴 사람을 갖추어
써요.

다음을 바르게 쓰고 큰 소리로 읽어 보세요. 그리고 누가 누구에게 쓴 어떤 내용의 편지인지 말해 보세요.

친구에게 편지 쓰기

민지에게

민지야, 안녕? 나는

나은이야.

너, 나라 사랑 그리기

대회에서 금상을 받았다

다음을 바르게 쓰고 큰 소리로 읽어 보세요. 그리고 누가 누구에게 쓴 어떤 내용의 편지인지 말해 보세요.

친구에게 편지 쓰기

며? 축하해.

네가 내 친구라서 정

말 자랑스러워.

앞으로 더 노력해서

화가가 되고 싶다는 네

다음을 바르게 쓰고 큰 소리로 읽어 보세요. 그리고 누가 누구에게 쓴 어떤 내용의 편지인지 말해 보세요.

친구에게 편지 쓰기

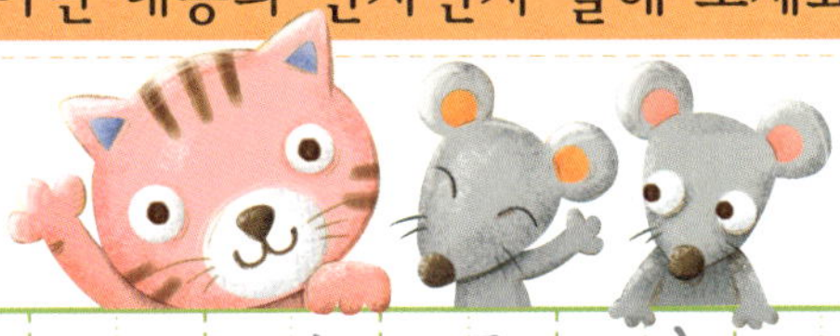

꿈을 꼭 이루길 바랄게.

그럼 안녕.

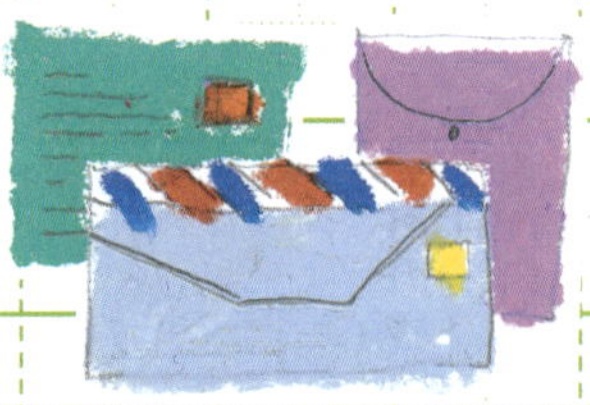

2018년 4월 19일

네 단짝 나은이가

민지의 꿈이 화가라니, 반갑네.

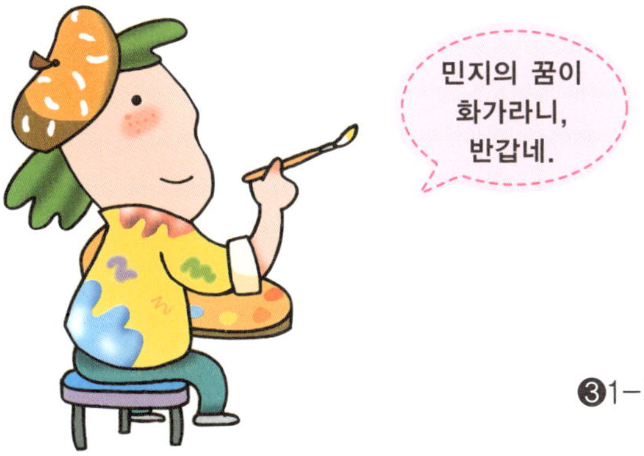

비슷한 뜻으로 쓰일 수 있는 다음 낱말들을 살펴보고, 바르게 쓴 다음 또박또박 읽어 보세요.

비슷한 뜻으로 쓸 수 있는 말

| 엄청나다 | 굉장하다 | 멋지다 |
| 근사하다 | 훌륭하다 | 놀랍다 |

| 대단하다 | 어마어마하다 |

비슷한 뜻을 가진 낱말들을 잘 살펴보세요.
바르게 쓰고 각 낱말의 뜻을 말해 보세요.

비슷한 말

취직 취업 죄송 미안

꾸지람 꾸중 일자리 직장

대꾸 대답 가게 상점

다음을 바르게 쓰고 또박또박 읽어 보세요.
누가 누구에게 쓴 글인지 이야기해 보세요.

감사 편지 쓰기

어머니, 아버지, 생일을

축하해 주셔서 감사합니

다. 제가 가지고 싶었던

선물도 사 주셔서 정말

기쁩니다. 더 좋은 딸이

다음을 바르게 쓰고 또박또박 읽어 보세요.
누가 누구에게 쓴 글인지 이야기해 보세요.

감사 편지 쓰기

되도록 노력할게요.

길거리에서 책가방이

쏟아져서 많이 놀랐는데

네가 도와주어 정말 고

마워.

여러 가지 악기의 이름을 바르게 쓰고, 각각 현악기, 관악기, 타악기 중 어디에 속하는지 말해 보세요.

여러 가지 악기

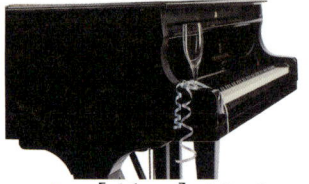

violin[vàiəlín] 바이얼린

piano[piǽnou] 피애노우

xylophone[záiləfòun] 자일러포운

바이올린

피아노

실로폰

clarinet[klærənét] 클래러넷

saxophone[sǽksəfòun] 쌕서포운

trumpet[trʌ́mpit] 트럼핏

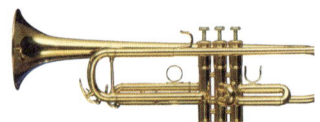

클라리넷

색소폰

트럼펫

여러 가지 악기의 이름을 바르게 쓰고, 각각 현악기, 관악기, 타악기 중 어디에 속하는지 말해 보세요.

여러 가지 악기

drum [drʌ́m] 드럼

castanets [kæ̀stənéts] 캐스터네츠

tambourine [tæ̀mbərí:n] 탬버린

북

캐스터네츠

탬버린

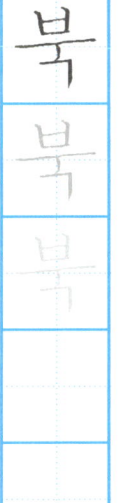

guitar [gitá:r] 기타아

recorder [rikɔ́:rdər] 리코오더

triangle [tráiæ̀ŋgl] 트라이앵글

기타

리코더

트라이앵글

❸1-가 5단원 중요한 내용을 적어요   85

다음을 바르게 쓰고 또박또박 읽어 보세요.
악기의 종류에 대해 꼼꼼히 살펴보세요.

악기의 종류

악기는 타악기, 현악기,

관악기로 나눌 수 있어

요. 타악기는 두드리거나

때려서 소리를 내는 악

기로 타악기에는 장구나

다음을 바르게 쓰고 또박또박 읽어 보세요.
악기의 종류에 대해 꼼꼼히 살펴보세요.

악기의 종류

큰북 등이 있으며, 현악

기는 줄을 사용하는 악

기로 현악기에는 가야금

이나 바이올린 등이 있

어요. 그리고 관악기는

다음을 바르게 쓰고 또박또박 읽어 보세요.
악기의 종류에 대해 꼼꼼히 살펴보세요.

악기의 종류

입으로 불어서 소리를
내는 악기로 관악기에는
단소나 트럼펫 등이 있
어요.

우리나라 민화의 소재로 쓰이는 것들입니다.
바르게 쓰고, 각각에 대해 이야기해 보세요.

민화의 소재

| 호랑이 | 토끼 | 물고기 | 사슴 | 용 |

| 거북 | 까치 | 매 | 해태 | 학 | 소나무 |

| 대나무 | 모란 | 연꽃 | 석류 |

다음을 바르게 쓰고 큰 소리로 읽어 보세요.
무엇에 대해 쓴 문장인가요?

메모란?

다른 사람에게 말을
전하거나 자신이 기억한
것을 잊지 않으려고 짧
게 쓴 글을 메모라고
합니다.

메모할 할 때 주의할 점에 대해 알아보고, 다음 문장을 바르게 쓰세요.

메모의 내용

메모를 할 때에는 모든 내용을 쓰는 것이 아니라 중요한 내용만 짧게 씁니다.

너야말로 메모하는 습관을 길러야 해.

알았어. 앞으론 메모 잘할게.

다음을 바르게 쓰고 또박또박 정확하게 읽으세요.
그리고 낱말의 발음을 정확히 익히세요.

겹받침의 발음

| 엷다 | 엷게 | 엷고 | 얇다 | 넓다 |
| 열따 | 열께 | 열꼬 | 얄따 | 널따 |

| 짧다 | 짧고 | 짧지 | 떫다 | 여덟 |
| 짤따 | 짤꼬 | 짤찌 | 떨따 | 여덜 |

| 밟다 | 밟게 | 밟고 | 밟지 |
| 밥따 | 밥께 | 밥꼬 | 밥찌 |

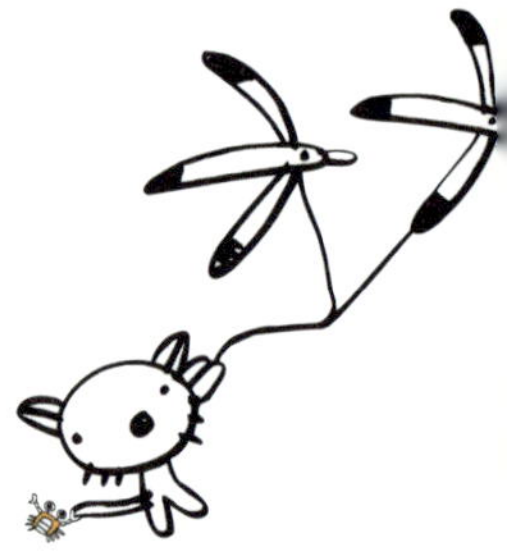

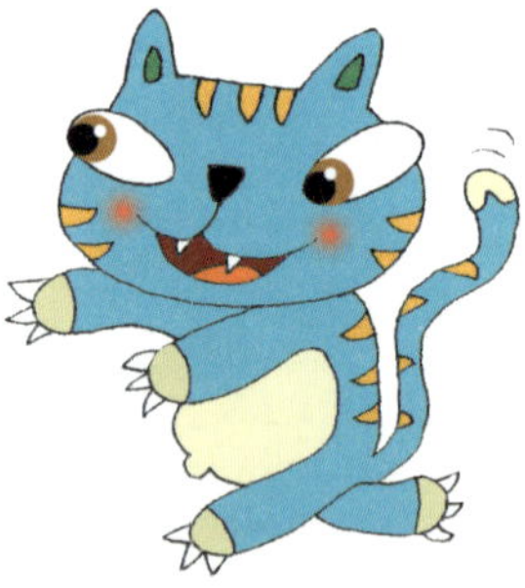

❸-1나 6~10단원

6단원 일이 일어난 까닭
원인과 결과를 생각하며
경험을 이야기해요.

7단원 반갑다, 국어사전
국어사전 사용법을 익히고,
국어사전을 활용하여 글을 읽어요.

8단원 의견이 있어요
글을 읽고 의견을 파악해요.

9단원 어떤 내용일까
낱말의 뜻이나 생략된 내용을
짐작하며 글을 읽어요.

10단원 문학의 향기
재미나 감동을 느낀 부분을 찾으며
작품을 감상해요.

다음을 바르게 쓰고 큰 소리로 읽어 보세요.
원인과 결과가 무엇인지 설명해 보세요.

원인과 결과

어떤 일이 일어난 까

닭을 원인이라고 하고,

그 때문에 일어난 일을

결과라고 해요.

일어난 일을 다른 사

다음을 바르게 쓰고 큰 소리로 읽어 보세요.
원인과 결과가 무엇인지 설명해 보세요.

원인과 결과

람에게 말하거나 그 일
이 일어난 까닭을 알아
야 할 때에는 일이 일
어난 원인과 결과를 살
펴 봐요.

다음을 바르게 쓰고 큰 소리로 읽어 보세요.
일이 일어난 원인과 결과를 자유롭게 이야기해 보세요.

원인과 결과

학교가 끝난 뒤에 날마다 공 차는 연습을 했다. 그래서 축구 경기에서 공을 많이 넣었다.

어제는 밤 늦게까지 독

다음을 바르게 쓰고 큰 소리로 읽어 보세요.
일이 일어난 원인과 결과를 자유롭게 이야기해 보세요.

원인과 결과

서를 했다. 그래서 수업

시간에 계속 졸았다.

음식을 먹고 양치질을

잘하지 않았다. 그래서

이가 아팠다.

 파란색으로 쓰인 말은 어떤 말을 줄인 걸까요?
다음을 바르게 쓰면서 알아보세요.

준말

 이 애 : 얘

얘가 먼저 웃었어요!

🐌 저 애 : 쟤

쟤가 점수를 냈어요.

🐌 그 애 : 걔

걔가 술래랍니다.

다음 속담을 바르게 쓰고 큰 소리로 읽어 보세요.
어떤 뜻인지도 이야기해 보세요.

뜻이 비슷한 속담

아니 땐 굴뚝에 연기 날까.

아니 때린 장구 북소리 날까.

뿌리 없는 나무에 잎이 필까.

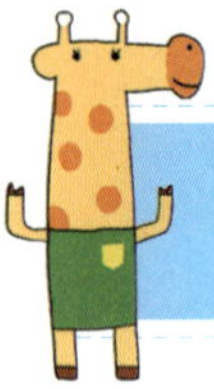

다음 속담을 바르게 쓰고 큰 소리로 읽어 보세요.
어떤 뜻인지도 이야기해 보세요.

뜻이 비슷한 속담

콩 심은 데 콩 나고 팥 심은 데 팥 난다.

콩 심은 데 콩 나고 팥 심은 데 팥 난다.

오이 덩굴에 오이 열리고 가지 나무에 가지 열린다.

오이 덩굴에 오이 열리고 가지 나무에 가지 열린다.

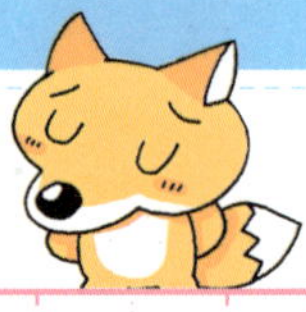

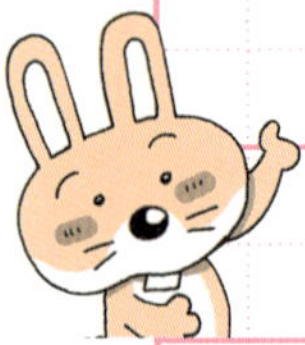

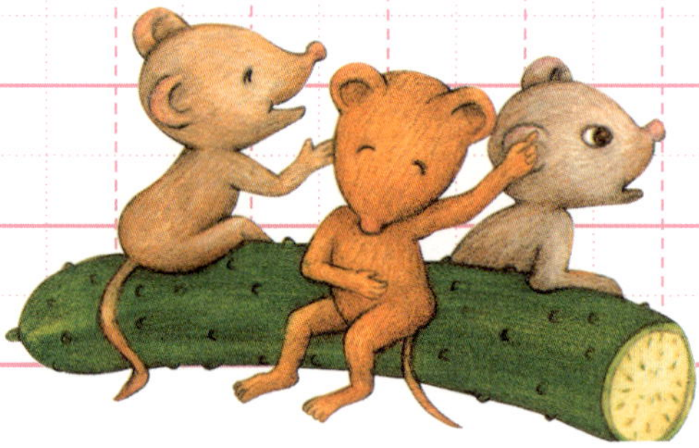

다음 속담을 바르게 쓰고 큰 소리로 읽어 보세요.
어떤 뜻인지도 이야기해 보세요.

뜻이 비슷한 속담

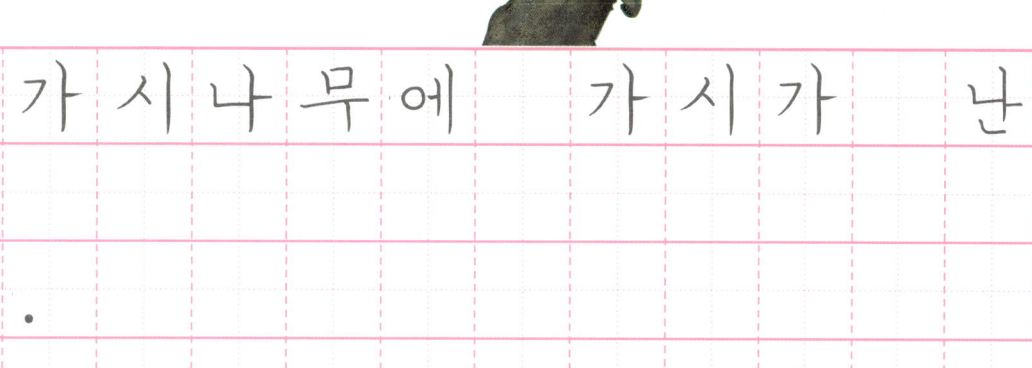

가시나무에 가시가 난다.

배나무에 배 열리지 감 안 열린다.

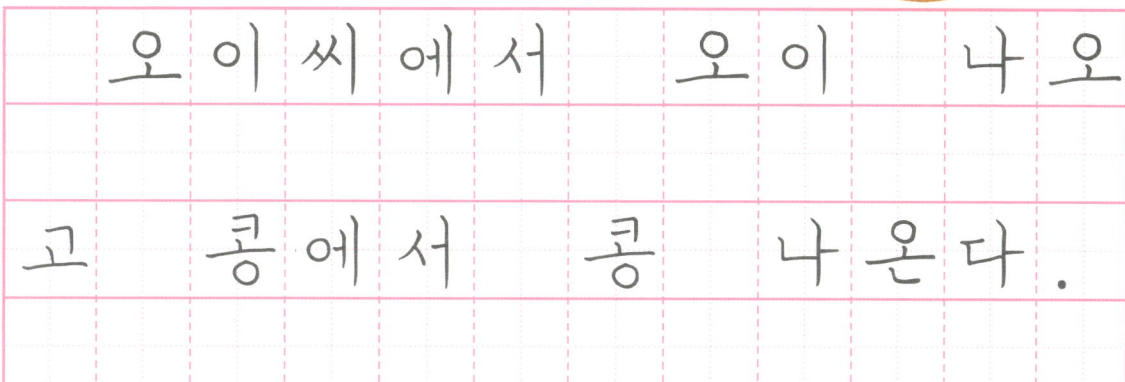

오이씨에서 오이 나오고 콩에서 콩 나온다.

국어사전에서 낱말을 찾으려면 글자의 짜임을 알아야 해요.
다음을 바르게 쓰고 큰 소리로 읽으면서 알아보세요.

우리 글자의 짜임

한글 글자는 첫 자음자, 모음자, 받침으로 이루어지는데, 이 차례대로 낱말을 찾습니다.

다음 낱말을 바르게 쓰고 큰 소리로 읽어 보세요.
선물 포장하는 방법에 대해 이야기해 보세요.

낱말

| 준비물 | 포장지 | 양면테이프 |

| 두께 | 센티미터 | 옆면 | 양옆 |

| 반대쪽 | 마무리 | 아래쪽 | 선물 |

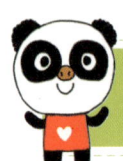

다음을 바르게 쓰고 큰 소리로 읽어 보세요.
그리고 각각의 약호나 기호를 알아보세요.

국어사전에 있는 약호와 기호

본	말
본	말

「본」

준	말
준	말

「준」

비	슷	한	말
비	슷	한	말

「비」

반	대	말
반	대	말

「반」

높	임	말
높	임	말

「높」

낮	춤	말
낮	춤	말

「낮」

발	음		표	시
발	음		표	시

[ ]

방	언
방	언

『방언』

옛	말
옛	말

『옛말』

긴	소	리
긴	소	리

:

장	음
장	음

:

예	문
예	문

〈예〉

다음을 바르게 쓰고 또박또박 읽어 보세요. 형태가 바뀌는 말, 형태가 바뀌지 않는 말로 나누어 보세요.

형태가 바뀌는 말

잡다　웃다　달리다　일어서다

작다　넓다　많다　높다

동생　도서관　소금

*동생, 도서관, 소금은 형태가 바뀌지 않는 말이고, 나머지는 모두 형태가 바뀌는 말입니다.

파란색으로 쓰인 낱말의 표기에 주의하며 다음을 바르게 쓰고, 큰 소리로 읽어 보세요.

줄여서 쓸 수 없는 말

 사귀었던 O : 사겼던 ×

| 내 | 가 | | 유 | 치 | 원 | 에 | | 다 | 닐 |
| 때 | 부 | 터 | | 사 | 귀 | 었 | 던 | | 친 | 구 |

 사귀어 O : 사겨 ×

| 오 | 랫 | 동 | 안 | | 사 | 귀 | 어 | | 아 | 주 |
| 가 | 까 | 운 | | 친 | 구 | 이 | 다 | . |

바뀌었는데 O : 바꼈는데 ×

| 전 | 화 | | 번 | 호 | 가 | | 바 | 뀌 | 었 | 는 |
| 데 | | 미 | 리 | | 말 | 하 | 지 | | 못 | 해 | 서 |

파란색으로 쓰인 낱말의 표기에 주의하며 다음을 바르게 쓰고, 큰 소리로 읽어 보세요.

줄여서 쓸 수 없는 말

 뛰었다 ㅇ : 떴다 ×

체육 시간에 공을 쫓아 열심히 뛰었다.

 할퀴었다 ㅇ : 할켰다 ×

고양이가 사람에게 달려들어 팔을 할퀴었다.

 쉬었다가 ㅇ : 셨다가 ×

힘드니까 쉬었다가 다시 시작하자.

다음 낱말을 바르게 쓰고 읽어 보세요. 그리고 국어사전에 낱말을 싣는 차례에 대해 알아보세요.

낱말이 실리는 차례

가게 가방 가을 개교 거미

까꿍 꽃 나무 나비 농사

달 두꺼비 두부 따개 뚜껑

다음 낱말을 바르게 쓰고 읽어 보세요. 그리고 국어사전에 낱말을 싣는 차례에 대해 알아보세요.

낱말이 실리는 차례

| 라디오 | 라면 | 러시아 | 로봇 |

| 마을 | 모자 | 문학 | 미꾸라지 |

| 바다 | 발자국 | 병풍 | 빵 | 뺄셈 |

다음 낱말을 바르게 쓰고 읽어 보세요. 그리고 국어사전에 낱말을 싣는 차례에 대해 알아보세요.

낱말이 실리는 차례

사람 사슬 삵 삶 상 숯가마

싸리문 쓰임새 안개꽃 야구

장사 저녁 저울질 짝 쪽파

다음 낱말을 바르게 쓰고 읽어 보세요. 그리고 국어사전에 낱말을 싣는 차례에 대해 알아보세요.

낱말이 실리는 차례

차림새 친구 칸막이 콩밭

타조 통나무 파도 팔 포구

하늘 학교 한복 허수아비

다음을 바르게 쓰고 또박또박 읽어 보세요.
형태가 바뀌는 낱말에 대해 꼼꼼히 공부해 보세요.

형태가 바뀌는 말

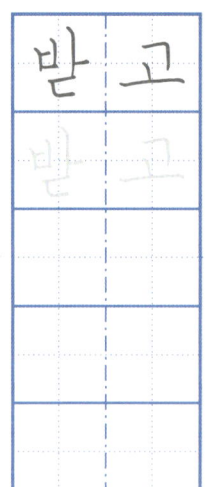
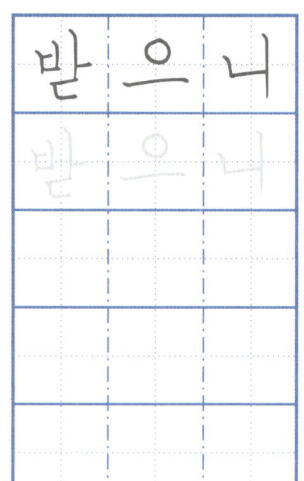
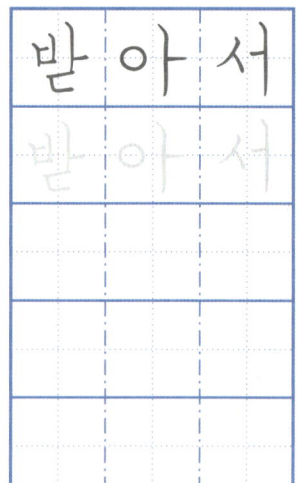

받다 받고 받으니 받아서

낚아채다 낚아채고

낚아채니 낚아채서

다음을 바르게 쓰고 또박또박 읽어 보세요.
형태가 바뀌는 낱말에 대해 꼼꼼히 공부해 보세요.

형태가 바뀌는 말

솟다　솟고　솟으니　솟아서

뒤쫓다　뒤쫓고　뒤쫓으니

뒤쫓아서

다음을 바르게 쓰고 큰 소리로 읽어 보세요.
그리고 '습관'에 대해 이야기해 보세요.

습관이란?

우리는 좋은 습관을
길러야 합니다. 작은 습
관이 모여 결국은 큰
변화를 만들기 때문입니

다음을 바르게 쓰고 큰 소리로 읽어 보세요.
그리고 '습관'에 대해 이야기해 보세요.

좋은 습관

다. 습관이란 어떤 행동
을 오랫동안 되풀이하면
서 저절로 몸에 익은
행동을 말합니다.

세 살 버릇 여든까지 간대요.

다음을 바르게 쓰고, 큰 소리로 읽어 보세요.
또 어떤 습관을 들이면 좋을지 이야기해 보세요.

좋은 습관

음식을 골고루 먹는다.

고운 말을 쓴다.

이를 잘 닦는다.

꾸준히 일기를 쓴다.

말을 바르고 곱게 한다.

다음을 바르게 쓰고, 큰 소리로 읽어 보세요.
또 어떤 습관을 들이면 좋을지 이야기해 보세요.

좋은 습관

몸을 깨끗이 잘 씻는다.

약속을 잘 지킨다.

날마다 운동한다.

고마워하는 마음을 표현한다.

고마워, 친구야.

다음을 바르게 쓰고 큰 소리로 읽어 보세요.
여러분의 의견도 말해 보세요.

의견과 뜻 알기

계단에서 뛰어다니면

마주 오는 친구와 부딪

히거나 넘어져 다칠 수

있습니다. 또 들고 있던

물건을 떨어뜨려 물건이

망가질 수 있습니다.

다음을 바르게 쓰고 한자도 잘 살펴보세요.
우리말에는 한자로 바꿀 수 있는 낱말이 많아요.

한자에서 온 말

안전	발표	자료	건강	사고
安全	發表	資料	健康	事故

방법	소중	자전거	행동	예방
方法	所重	自轉車	行動	豫防

충분	중요	자신	운동	노력
充分	重要	自身	運動	努力

'오성과 한음'에 나오는 다음 대화를 바르게 쓰세요.
그리고 누가 누구에게 한 말인지 이야기해 보세요.

의견의 뜻 알기

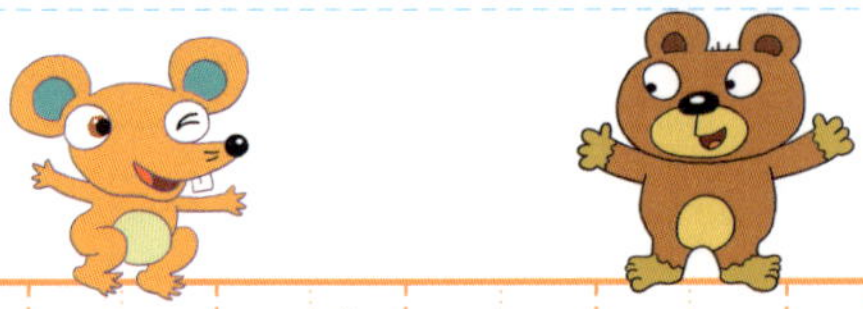

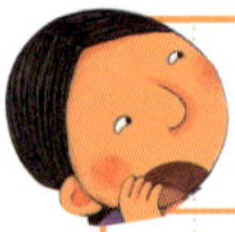

"대감님, 지금 이 팔
이 누구 팔이겠습니까?"

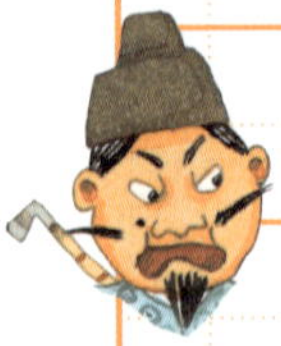

"그야 네 팔이지, 누
구 팔이겠느냐?"

"지금 이 팔은 방

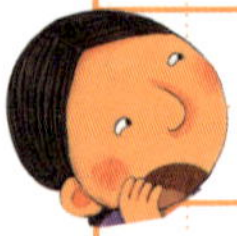

※ 대화체 문장은 각 행 첫 칸을 비우고 둘째 칸부터 써요.
문장 부호가 첫 칸에 오게 될 경우, 위행 끝 칸 옆에 써요.

'오성과 한음'에 나오는 다음 대화를 바르게 쓰세요. 그리고 누가 누구에게 한 말인지 이야기해 보세요.

의견의 뜻 알기

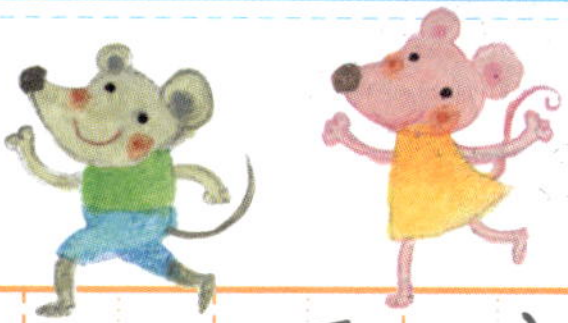

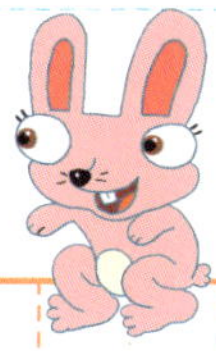

안에 들어가 있지 않습니까?"

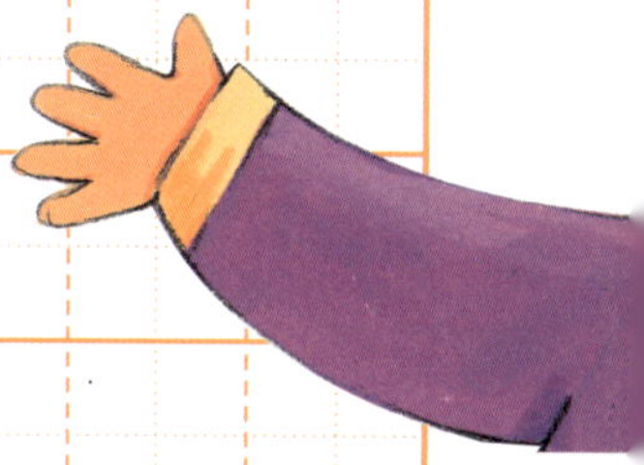

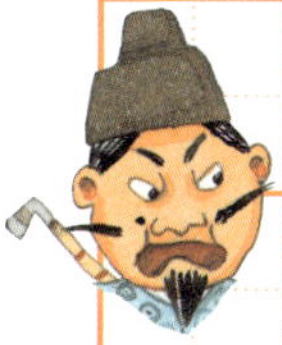

"방 안에 있다 해도 네 몸에 붙어 있으니 네 팔이지."

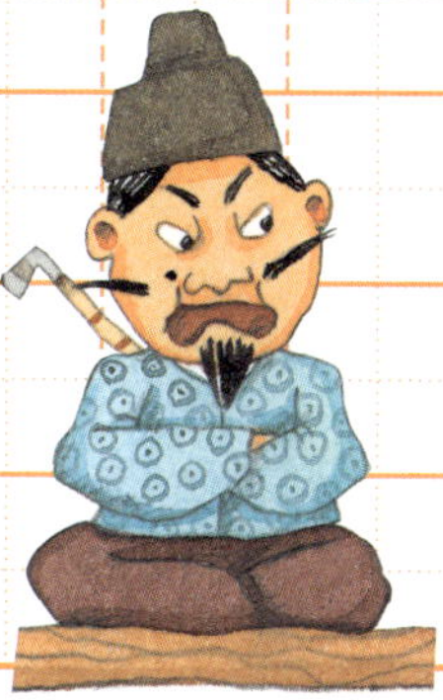

다음을 바르게 쓰고, 서로 반대되는 뜻을 가진 말을 잘 살펴보세요.

반대되는 뜻을 가진 말

좁고 넓음	길고 짧음
높고 낮음	많고 적음
크고 작음	멀고 가까움

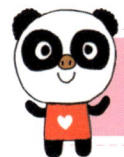

다음 속담을 바르게 쓰고 큰 소리로 읽어 보세요.
그리고 각 속담의 뜻을 이야기해 보세요.

속담

구슬이 서 말이라도
구슬이 서 말이라도

꿰어야 보배
꿰어야 보배

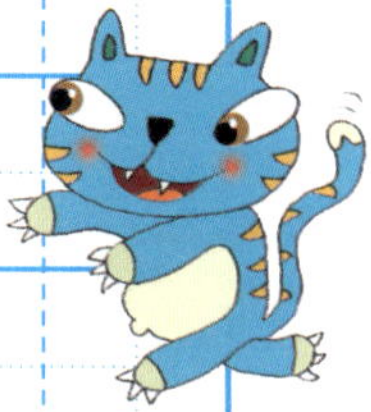

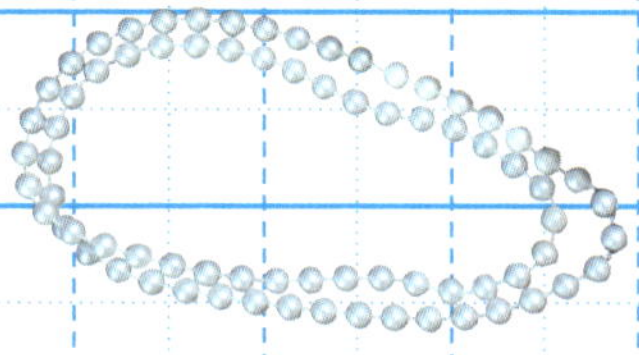

부뚜막의 소금도 집어
부뚜막의 소금도 집어

넣어야 짜다
넣어야 짜다

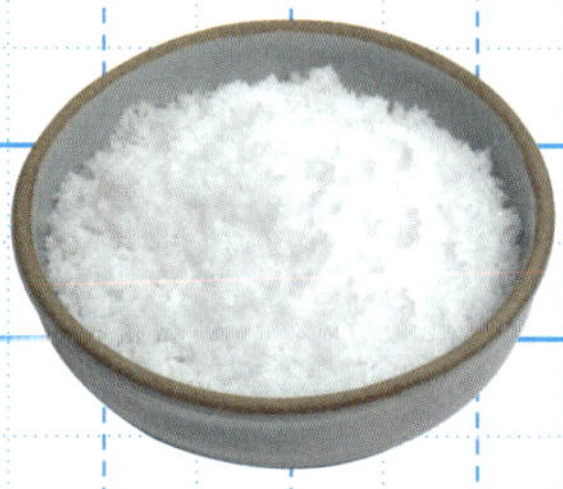

바늘 가는 데 실 간다
바늘 가는 데 실 간다

다음을 바르게 쓰고 큰 소리로 읽어 보세요.
낱말의 뜻을 짐작할 때에는 어떻게 할까요?

낱말의 뜻 짐작하기

글을 읽으며 낱말의

뜻을 짐작할 때에는 그

낱말이 사용된 예를 떠

올려 본다.

다음을 바르게 쓰고 큰 소리로 읽어 보세요.
낱말의 뜻을 짐작할 때에는 어떻게 할까요?

낱말의 뜻 짐작하기

낱말의 뜻을 짐작할 때에는 짐작한 뜻과 뜻이 비슷한 낱말을 넣어 본다.

지진이 일어나면 어떻게 해야 할까요?
다음을 쓰면서 알아보세요.

탁자 아래로 들어가

몸을 보호합니다. 할 수

있으면 전기와 가스를

차단하고, 문을 열어 출

구를 확보한 뒤에 밖으

지진이 일어나면 어떻게 해야 할까요?
다음을 쓰면서 알아보세요.

지진 발생시 대피 요령

로 나갑니다.

모든 숫자 단추를 눌

러 가장 먼저 열리는

층에서 내린 뒤에 계단

을 이용합니다.

다음을 바르게 쓰고 또박또박 읽어 보세요.
각 낱말에 대해 자유롭게 이야기해 보세요.

세 글자 낱말

| 다람쥐 | 도토리 | 겨울잠 | 이튿날 |

| 까만색 | 계산대 | 진열대 | 서약서 |

| 서식지 | 애벌레 | 다슬기 | 달팽이 |

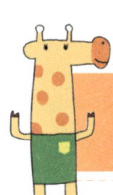

다음을 바르게 쓰고 또박또박 읽어 보세요.
각 낱말에 대해 자유롭게 이야기해 보세요.

낱말과 뜻

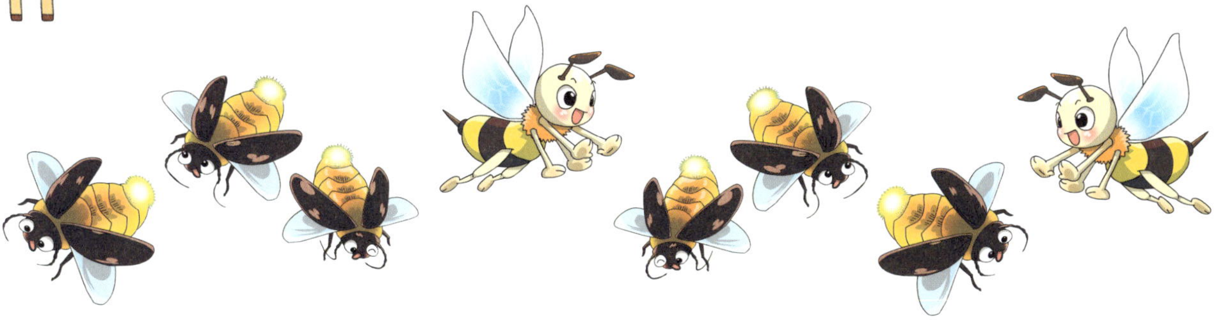

이빨 밤 땅콩 호두 잣 먹이

이빨 밤 땅콩 호두 잣 먹이

반딧불이 천연기념물 축제

반딧불이 천연기념물 축제

볼펜 요원 서명 역할 먹성

볼펜 요원 서명 역할 먹성

다음을 바르게 쓰고 큰 소리로 읽어 보세요.
여러분도 시를 읽고 그 느낌을 이야기해 보세요.

시 감상

시에서 재미나 감동을

느낀 부분은 사람마다

다를 수 있습니다. 사람

마다 경험이 다르기 때

문입니다.

인물의 말과 행동에서 느낄 수 있는 마음을 나타낸 말입니다.
바르게 쓰고 또박또박 읽어 보세요.

여러 가지 마음

| 사랑 | 즐거움 | 행복 | 기쁨 | 미움 |

| 두려움 | 질투 | 슬픔 | 부끄러움 |

| 화남 | 미안함 | 그리움 | 두려움 |

❸-1나 10단원 문학의 향기

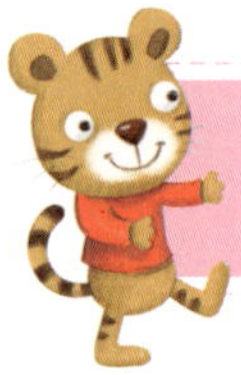

낱말을 바르게 쓰고 읽어 보세요.
각 낱말을 국어사전에서 찾아보세요.

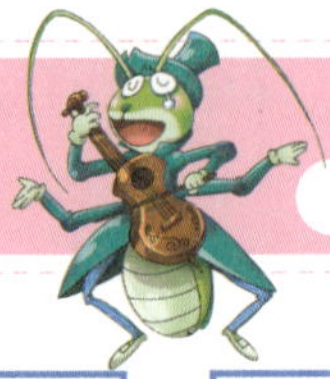

낱말

뭉게구름

쇠똥구리

베짱이

사과나무

달팽이

느릅나무

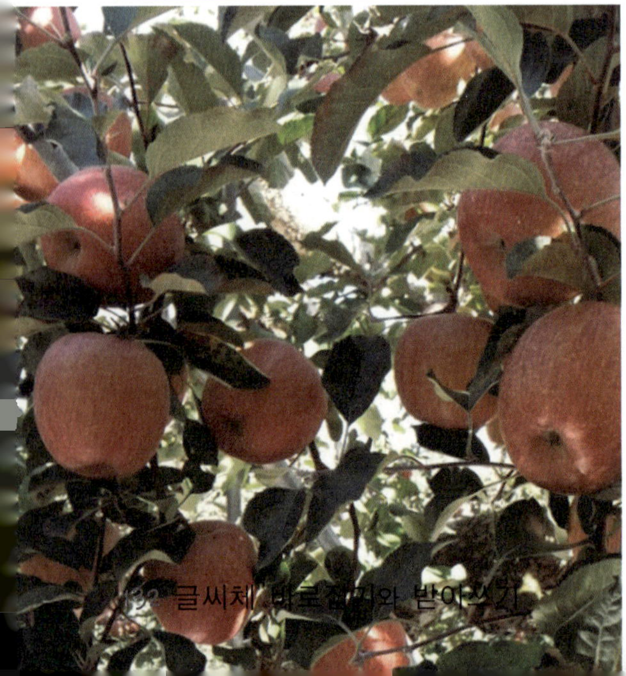

무지개떡

쑥떡

다음을 바르게 쓰고 또박또박 읽어 보세요.
띄어쓰기를 잘 살펴보세요.

낱말

| 몇 | 십 | 억 | | 년 | | 전 |
| 끝 | 임 | 없 | 이 |

| 몸 | 속 | 수 | 도 | 꼭 | 지 | 여 | 행 | 최 | 근 |

| 공 | 룡 | 세 | 상 | | 곳 | 곳 | 오 | 래 | 전 | 에 |

다음을 바르게 쓰고 또박또박 읽어 보세요.
띄어쓰기를 잘 살펴보세요.

낱말

강아지 똥　흙덩이　민들레

참새　암탉　아기별　바위나리

감장 돌　문지기　임금님

다음을 바르게 쓰고 읽어 보세요.
강조하는 이런 표현을 더 익혀 보세요.

강조하는 표현

넓	고		넓	은
넓	고		넓	은

푸	르	고		푸	른
푸	르	고		푸	른

이	상	하	고		놀	라	운
이	상	하	고		놀	라	운

희	고		흰
희	고		흰

쓸	쓸	하	고		고	요	한
쓸	쓸	하	고		고	요	한

파란색으로 쓰인 낱말의 표기에 주의하며
다음을 바르게 쓰고 큰 소리로 읽어 보세요.

준말

어머니께서도 걱정이

돼서 전화를 거셨다.

친구를 만나서 늦게

오게 됐다고 하셨다.

일이 계획한 대로 돼

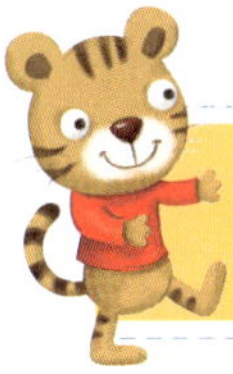

파란색으로 쓰인 낱말의 표기에 주의하며
다음을 바르게 쓰고 큰 소리로 읽어 보세요.

준말

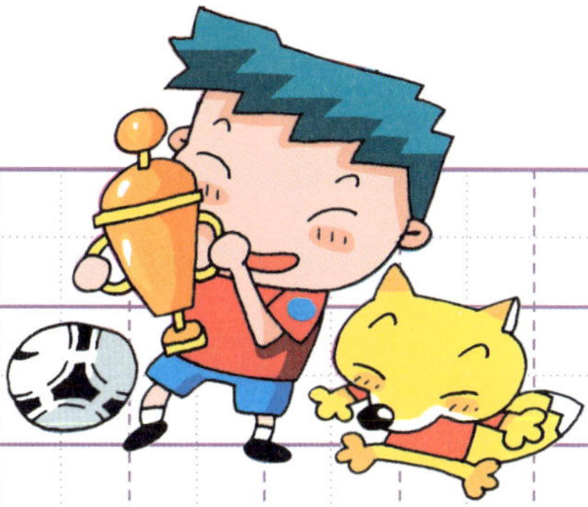

간다.
간다.

우승하려면 이번 경기
우승하려면 이번 경기

가 잘돼야 한다.
가 잘돼야 한다.

나도 이번 경기에 출
나도 이번 경기에 출

전하게 됐다.
전하게 됐다.

다음 꾸미는 말을 바르게 쓰고 읽어 보세요.
어떤 때 쓰이는 말인지 잘 살펴보세요.

꾸미는 말

| 슬그머니 | 까마득히 | 함빡 |

해가 슬그머니 사라지다.   성이 까마득히 높다.   꽃이 함빡 피어나다.

| 깜빡 | 불끈 | 스르르 | 뾰족이 |

깜빡 잊다.   주먹을 불끈 쥐다.   별이 스르르 올라가다.   풀 한 포기가 뾰족이 솟다.

| 퍼뜩 | 뚝뚝 | 훌쩍훌쩍 |

퍼뜩 정신을 차리다.   눈물을 뚝뚝 흘리다.   훌쩍훌쩍 울다.

'사이시옷'이 쓰인 낱말을 바르게 써 보세요.
어떤 때 '사이시옷'이 쓰이는지 알아보세요.

사이시옷

| 하굣길 | 머릿속 | 귓구멍 | 귓가 |

| 나뭇가지 | 빗길 | 바닷가 | 녹찻잎 |

| 오랫동안 | 다듬잇돌 |

'하굣길'은 '하교'와 '길'을 합한 말이에요. 이렇게 두 말이 합쳐 한 말을 이룰 때, 뒷말의 첫소리가 된소리로 나거나, 앞말이 모음자로 끝날 때는 앞말에 ㅅ을 받쳐 적는데 이를 '사이시옷'이라고 해요. 뒷말의 첫소리 ㄴ, ㅁ 앞에서 ㄴ 소리가 덧나거나 하는 경우에도 ㅅ을 받쳐 적어요.

 맛있는 음식의 이름을 바르게 쓰고 읽어 보세요.
그리고 국어사전에 나오는 순서대로 번호를 써 보세요.

강정 국수 라면 김밥

1

빵 과자 약과 된장찌개

*국어사전에서 낱말을 찾을 때는 자음자, 모음자, 받침의 순서에 따릅니다.
강정, 과자, 국수, 김밥, 된장찌개, 라면, 빵, 약과의 순서로 나옵니다.

다음을 바르게 쓰고 읽어 보세요. 다른 표현도 만들어 보세요.

넓고	넓은

푸르고	푸른

높고	높은

곱고	고운

많고	많은

희고	흰

다시 한번 꼭꼭 다지기 다음을 쓰면서 편지 쓸 때 넣어야 할 내용을 알아보세요.

편지를 쓸 때에는 받을 사람, 첫인사, 전하고 싶은 말, 끝인사, 쓴 날짜, 쓴 사람을 갖추어 써요.

다음을 바르게 쓰고, 높임말을 잘 살펴보며 익세요.

| 밥 | 진지 | 먹는다 | 잡수신다 |

| 물어 | 여쭈어 | 잔다 | 주무신다 |

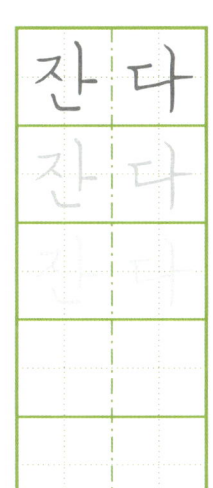

| 데리고 | 모시고 | 나이 | 연세 |

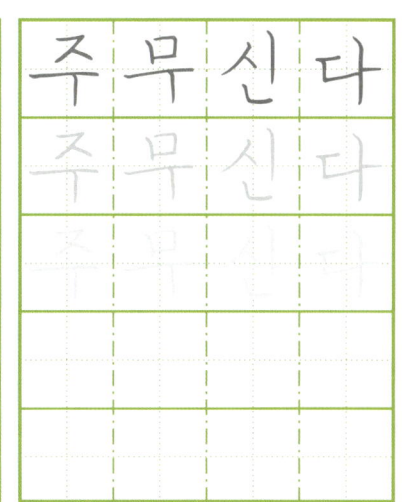

 다음을 바르게 쓰고, 뜻이 비슷한 말끼리 선으로 이으세요.

직장

대답

가게

취직

상점

일자리

대꾸

취업

단원별 받아쓰기 급수표

- 어린이가 틀리기 쉬운 낱말·구절·문장을 단원별로 정리하고, 띄어 써야 할 곳을 ∨로 표시하였습니다.
- 부모님이나 선생님께서 또박또박 불러 주시고, 어린이가 공책이나 별지에 받아쓰게 하세요.
- 띄어쓰기에도 주의하게 합니다.
- 받아쓰기를 마친 다음에는 반드시 체크하고, 틀린 곳은 정확히 익힐 수 있도록 이끌어 주세요.

독서 단원 1step 단원별 받아쓰기 급수표

① 책을 ∨ 읽고
② 학교 ∨ 독서 ∨ 잔치
③ 이야기 ∨ 주인공
④ 우리 ∨ 집 ∨ 책꽂이
⑤ 지역 ∨ 도서관
⑥ 짝과 ∨ 읽고 ∨ 싶은 ∨ 책
⑦ 모둠 ∨ 친구들과 ∨ 의논해
⑧ 과학 ∨ 사진이 ∨ 많아서
⑨ 내가 ∨ 좋아하는 ∨ 분야여서
⑩ 혼자서 ∨ 읽을 ∨ 때

독서 단원 2step 단원별 받아쓰기 급수표

① 초등학생이 ∨ 주인공이라서
② 우리 ∨ 조상의 ∨ 생활 ∨ 모습
③ 어려운 ∨ 낱말
④ 제목을 ∨ 살펴보면서
⑤ 우리나라 ∨ 전통 ∨ 장신구
⑥ 다 ∨ 먹고 ∨ 난 ∨ 조개껍데기로
⑦ 검은 ∨ 봉지가 ∨ 굴러가는
⑧ 바다에 ∨ 사는 ∨ 용왕이
⑨ 토끼는 ∨ 꾀를 ∨ 내어
⑩ 육지로 ∨ 올라오자마자 ∨ 도망갔다.

1단원 3step 단원별 받아쓰기 급수표

① 그러는 ∨ 사이
② 봄이 ∨ 오는 ∨ 모습을
③ 꽃이 ∨ 피는 ∨ 모습을
④ 우리는 ∨ 눈으로 ∨ 보고,
⑤ 손으로 ∨ 만지면서
⑥ 사물의 ∨ 느낌을 ∨ 생생하게 ∨ 표현한
⑦ 촘촘 ∨ 내리는 ∨ 봄비
⑧ 돌멩이처럼 ∨ 단단하고 ∨ 딱딱해요.
⑨ 냄새가 ∨ 향긋한 ∨ 물건
⑩ 모양은 ∨ 주먹처럼 ∨ 둥글고

1단원 4step 단원별 받아쓰기 급수표

① 이것은 ∨ 무엇일까요?
② 직접 ∨ 보거나 ∨ 듣는 ∨ 것처럼
③ 공이 ∨ 튀는 ∨ 소리
④ 오랜만에 ∨ 많이 ∨ 날았어.
⑤ 배 ∨ 주변을 ∨ 나는 ∨ 갈매기들
⑥ 동물들이 ∨ 힘들 ∨ 수 ∨ 있다는 ∨ 것을
⑦ 밤에 ∨ 신나게 ∨ 노는 ∨ 장면
⑧ 마을을 ∨ 영영 ∨ 떠나게 ∨ 될까 ∨ 봐
⑨ 그에 ∨ 어울리는 ∨ 목소리로
⑩ 독수리처럼 ∨ 빠르게 ∨ 달려가는 ∨ 자전거

1단원 5step 단원별 받아쓰기 급수표

① 부글부글∨내∨마음∨끓는∨소리
② 보들보들∨푹신한∨내∨곱슬머리
③ 손으로∨만지듯이∨생생하게
④ 옹기장이라고∨해.
⑤ 옷을∨잘∨입는∨멋쟁이야.
⑥ 벽에∨종이를∨붙이는∨일
⑦ 나뭇잎∨부딪히는∨소리
⑧ 고집이∨센∨고집쟁이
⑨ 귀를∨쫑긋했어요.
⑩ 코로∨냄새를∨맡거나,

2단원 6step 단원별 받아쓰기 급수표

① 나뭇잎을∨기어∨다니는∨애벌레
② 눈에∨잘∨띄지∨않습니다.
③ 나무껍질과∨비슷한∨보호색으로
④ 개구리도∨사는∨곳에∨따라
⑤ 색깔을∨바꾸는
⑥ 보호색으로∨적을∨속입니다.
⑦ 카멜레온
⑧ 작고∨귀엽게∨생겼습니다.
⑨ 똥오줌도∨스스로∨가립니다.
⑩ 자기∨집을∨늘∨깨끗하게∨청소합니다.

2단원 7step 단원별 받아쓰기 급수표

① 오늘은∨공휴일이어서∨학교에∨안∨갔다.
② 다친∨발이∨아직∨안∨나아서
③ 마침∨집에∨있어서
④ 전화하지∨않고∨집으로∨찾아갔다.
⑤ 안∨좋은∨일이∨생기지∨않도록
⑥ 평소에∨운동을∨하지∨않았다면
⑦ 까닭도∨묻지∨않고
⑧ 땅바닥보다∨높이∨띄워
⑨ 땅의∨열기나∨습기,∨해충을
⑩ 추위를∨피하려고

2단원 8step 단원별 받아쓰기 급수표

① 로봇은∨여러∨가지∨일을∨합니다.
② 도둑이∨집에∨들어오는지
③ 바다∨깊은∨곳에∨가서
④ 그곳∨상태를∨조사합니다.
⑤ 나쁜∨병이나∨기운이
⑥ 사람∨얼굴∨모습을∨조각해
⑦ 도깨비처럼∨무서운∨얼굴
⑧ 우스꽝스러운∨장난꾸러기
⑨ 마을과∨마을∨사이를∨나누는
⑩ 씨름이나∨그네뛰기를∨합니다.

3단원 9step 단원별 받아쓰기 급수표

① 어버이날을∨맞이해
② 감사∨편지를∨써서∨드리기로
③ 저기∨선생님께서∨가신다.
④ 어머니께∨드릴∨선물이야.
⑤ 아버지,∨학교에∨다녀왔습니다.
⑥ 할아버지,∨진지∨잡수세요.
⑦ 할머니,∨여쭈어볼∨것이∨있어요.
⑧ 저는∨책∨읽기를∨좋아합니다.
⑨ 할머니를∨모시고∨병원에∨다녀왔습니다.
⑩ 물을∨마시지∨않고

3단원 10step 단원별 받아쓰기 급수표

① 기초를∨쌓지∨않고
② 책상∨위에∨책을∨쌓지∨말고
③ 물을∨마시지∨않고는
④ 매콤하고∨달콤한∨떡볶이
⑤ 카네이션을∨달아∨드릴∨거야.
⑥ 요즘∨인기∨있는∨신발이에요.
⑦ 네,∨거실에∨계세요.
⑧ 회사∨쉬는∨날
⑨ 지난겨울에∨찍은∨내∨사진
⑩ 건물을∨지을∨수는∨없다.

4단원 11step 단원별 받아쓰기 급수표

① 내∨마음을∨편지에∨담아
② 네가∨다리를∨다쳐서
③ 우산을∨챙겨∨오지∨않아
④ 병원에∨입원했다는∨소식을
⑤ 날씨가∨참∨좋은∨것∨같아.
⑥ 앞으로도∨사이좋게∨지내자.
⑦ 할머니께서∨제∨편지를∨받고
⑧ 사랑하는∨할머니께
⑨ 빌려주지∨않을지도∨모른다.
⑩ 나는∨책상에∨엎드렸다.

4단원 12step 단원별 받아쓰기 급수표

① 죄송하다고∨말씀드려야겠다.
② 공중전화∨수화기를∨들었다가
③ 가방을∨메고∨방을∨나서는데
④ 대꾸도∨하지∨않고
⑤ 꾸준히∨연습하면
⑥ 더∨좋은∨결과가∨있을∨거야.
⑦ 한∨달∨동안이나
⑧ 언제나∨너를∨응원하고∨있어.
⑨ 기특하고∨대단하다고
⑩ 줄넘기∨연습을∨열심히∨하는

4단원 13step 단원별 받아쓰기 급수표

① 민지야,∨안녕?
② 나라∨사랑∨그리기∨대회에서
③ 앞으로∨더∨노력해서
④ 네가∨내∨친구라서
⑤ 네∨단짝∨나은이가
⑥ 화가가∨되고∨싶다는∨네∨꿈을
⑦ 꼭∨이루길∨바랄게.
⑧ 꽃∨가꾸는∨일을∨하면서
⑨ 메아리가∨들려왔습니다.
⑩ 심장이∨벌떡벌떡∨움직이다.

5단원 14step 단원별 받아쓰기 급수표

① 나는∨호랑나비를∨조사해야지.
② 간단히∨정리할∨수∨있는∨방법
③ 자신이∨좋아하는∨곤충
④ 옛이야기∨속∨과학∨지식
⑤ 어느∨쪽이∨옳은지
⑥ 잘∨기억이∨안∨나네.
⑦ 다른∨사람에게∨말을∨전하거나
⑧ 조상의∨생활∨모습
⑨ 시간이∨많이∨흐른∨뒤에도
⑩ 보고∨듣고∨생각한∨것을

6단원 15step 단원별 받아쓰기 급수표

① 메모를∨해∨두면
② 현장∨체험학습을∨갈∨때
③ 복을∨물어다∨주는∨제비
④ 좋은∨날에∨떠나고∨돌아오므로
⑤ 행운을∨가져다줄∨것이라고
⑥ 타악기,∨관악기,∨현악기
⑦ 가야금이나∨트럼펫
⑧ 줄을∨사용하는∨악기
⑨ 물은∨반드시∨필요합니다.
⑩ 생물이∨생명을∨유지하는∨데

6단원 16step 단원별 받아쓰기 급수표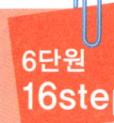

① 토끼가∨거북보다∨빠른데도
② 골목∨입구에∨쌓인∨쓰레기
③ 아니∨땐∨굴뚝에∨연기∨날까.
④ 콩∨심은∨데∨콩∨나고
⑤ 어제는∨밤늦게까지∨독서를∨했다.
⑥ 수업∨시간에∨계속∨졸았다.
⑦ 쟤는∨처음∨보는∨아이인데?
⑧ 얘가∨먼저∨웃었어요!
⑨ 쟤가∨점수를∨냈어요.
⑩ 걔가∨술래랍니다.

7단원 17step 단원별 받아쓰기 급수표

① 예쁘게 ∨ 포장해 ∨ 주면
② 다른 ∨ 사람에게 ∨ 선물할 ∨ 때
③ 포장지가 ∨ 구겨지지 ∨ 않도록
④ 양면테이프를 ∨ 붙여 ∨ 마무리합니다.
⑤ 손으로 ∨ 힘을 ∨ 주어 ∨ 눌러서
⑥ 유치원에 ∨ 다닐 ∨ 때부터 ∨ 사귀었던
⑦ 가장 ∨ 오랫동안 ∨ 사귀어 ∨ 아주 ∨ 가까운
⑧ 다른 ∨ 곳으로 ∨ 옮기면서
⑨ 공을 ∨ 쫓아 ∨ 열심히 ∨ 뛰었다.
⑩ 힘드니까 ∨ 쉬었다가 ∨ 다시 ∨ 시작하자.

7단원 18step 단원별 받아쓰기 급수표

① 고양이가 ∨ 팔을 ∨ 할퀴었다.
② 전화 ∨ 번호가 ∨ 바뀌었는데
③ 품삯
④ 낱말을 ∨ 이루는 ∨ 글자 ∨ 차례대로
⑤ 동생이 ∨ 밥을 ∨ 먹고 ∨ 이를 ∨ 닦았다.
⑥ 산은 ∨ 높은데 ∨ 언덕은 ∨ 낮다.
⑦ 산은 ∨ 높고 ∨ 바다는 ∨ 넓다.
⑧ 산이 ∨ 높아서 ∨ 올라가기가 ∨ 힘들다.
⑨ 몸의 ∨ 열을 ∨ 빼앗기지 ∨ 않으려고
⑩ 가죽옷이나 ∨ 두꺼운 ∨ 털옷

7단원 19step 단원별 받아쓰기 급수표

① 겨울에는 ∨ 추위를 ∨ 견딜 ∨ 수 ∨ 있도록
② 차가운 ∨ 공기가 ∨ 스며들지 ∨ 않도록
③ 몸에서 ∨ 생기는 ∨ 열을 ∨ 내보내려고
④ 얇고 ∨ 성긴 ∨ 옷을 ∨ 입습니다.
⑤ 여름에는 ∨ 몸에 ∨ 잘 ∨ 붙지 ∨ 않도록
⑥ 옷감 ∨ 사이에 ∨ 솜을 ∨ 넣은
⑦ 목 ∨ 둘레나 ∨ 소매 ∨ 끝을
⑧ 입는 ∨ 옷, ∨ 먹는 ∨ 음식, ∨ 사는 ∨ 집
⑨ 음식을 ∨ 돋보이게 ∨ 할 ∨ 뿐만 ∨ 아니라
⑩ 먹을 ∨ 수 ∨ 있는 ∨ 꽃

8단원 20step 단원별 받아쓰기 급수표

① 빨간 ∨ 감이 ∨ 탐스럽게 ∨ 열려 ∨ 있었습니다.
② 담 ∨ 너머 ∨ 옆집
③ 자기네 ∨ 것이라고 ∨ 우기며
④ 서로 ∨ 머리를 ∨ 맞대고 ∨ 궁리하였습니다.
⑤ 인기척을 ∨ 느낀
⑥ 창호지를 ∨ 바른 ∨ 방문 ∨ 안으로
⑦ 생각이 ∨ 모자랐던 ∨ 것 ∨ 같구나.
⑧ 네 ∨ 몸에 ∨ 붙었으니까
⑨ 무슨 ∨ 좋은 ∨ 방법이 ∨ 없을까?
⑩ 고개를 ∨ 끄덕이며 ∨ 미소를 ∨ 지었습니다.

8단원 21step 단원별 받아쓰기 급수표

① 지구를 ∨ 깨끗하게 ∨ 하려고
② 무심코 ∨ 버리는 ∨ 일회용품은
③ 비닐봉지를 ∨ 적게 ∨ 써야 ∨ 합니다.
④ 여러 ∨ 번 ∨ 쓸 ∨ 수 ∨ 있는
⑤ 일회용 ∨ 컵은 ∨ 쓰기는 ∨ 간편하지만
⑥ 물건을 ∨ 사거나 ∨ 담을 ∨ 때에는
⑦ 잘 ∨ 썩지 ∨ 않도록
⑧ 우리가 ∨ 함께 ∨ 노력한다면
⑨ 작은 ∨ 습관이 ∨ 모여
⑩ 꾸준히 ∨ 일기를 ∨ 쓴다든가

8단원 22step 단원별 받아쓰기 급수표

① 날마다 ∨ 운동하는 ∨ 습관
② 몸과 ∨ 마음이 ∨ 건강해지기 ∨ 때문입니다.
③ 작은 ∨ 일에도 ∨ 고마워하는
④ 하루를 ∨ 활기차게 ∨ 시작하는
⑤ 우리 ∨ 생활에 ∨ 많은 ∨ 도움이 ∨ 됩니다.
⑥ 우리 ∨ 삶에서 ∨ 아주 ∨ 중요한
⑦ 들고 ∨ 있던 ∨ 물건을 ∨ 떨어뜨려
⑧ 자전거를 ∨ 안전하게 ∨ 타는 ∨ 방법
⑨ 주의 ∨ 깊게 ∨ 살펴보아야
⑩ 이로운 ∨ 점보다 ∨ 해로운 ∨ 점이

9단원 23step 단원별 받아쓰기 급수표

① 물에 ∨ 빠지는 ∨ 사고
② 껍질이 ∨ 딱딱한 ∨ 열매
③ 땅속에 ∨ 먹이 ∨ 창고를 ∨ 만들어
④ 이빨을 ∨ 닳게 ∨ 하려고
⑤ 쉬지 ∨ 않고 ∨ 나무를 ∨ 쏠거나
⑥ 눈을 ∨ 가늘게 ∨ 뜨고 ∨ 물었다.
⑦ 우리나라에서 ∨ 사라져 ∨ 가는
⑧ 보잘것없고 ∨ 천한 ∨ 것
⑨ 개똥벌레와 ∨ 반딧불이
⑩ 입에서 ∨ 나오는 ∨ 독으로

9단원 24step 단원별 받아쓰기 급수표

① 먹이가 ∨ 많고 ∨ 물이 ∨ 깨끗한 ∨ 곳
② 반짝반짝 ∨ 빛을 ∨ 내는 ∨ 것은
③ 점점 ∨ 밝게, ∨ 점점 ∨ 약하게
④ 지천으로 ∨ 깔려 ∨ 있다는 ∨ 뜻으로
⑤ 다슬기나 ∨ 달팽이를 ∨ 먹고 ∨ 산다.
⑥ 환경 ∨ 오염이 ∨ 심한 ∨ 도시에서는
⑦ 서로 ∨ 의견을 ∨ 나누기 ∨ 위해서
⑧ 숨을 ∨ 죽인 ∨ 채
⑨ 암컷인지 ∨ 수컷인지
⑩ 있는 ∨ 힘을 ∨ 다해

9단원 25step 단원별 받아쓰기 급수표

① 여기저기V 부딪혀V 멍이V 들고
② 뛰어놀기를V 좋아하는V 개구쟁이
③ 스물한V 살V 때였습니다.
④ 반드시V 해내고야V 말리라.
⑤ 언제V 어디에서나V 오직
⑥ 온갖V 정성을V 쏟았습니다.
⑦ 나라를V 빼앗겨V 어두웠던V 시대
⑧ 우리말V 이름으로V 바꾸어
⑨ 온V 산을V 헤매고V 다녔습니다.
⑩ 나뭇가지에V 살갗이V 긁혀

10단원 26step 단원별 받아쓰기 급수표

① 웃음꽃이V 활짝V 핀
② 눈을V 치켜뜨고V 노려보았어.
③ 골목V 모퉁이를V 지날V 때
④ 미운V 마음이V 눈V 녹듯V 사라져
⑤ 기분이V 좋았던V 일
⑥ 세상에서V 가장V 더럽다고
⑦ 나뭇가지에V 앉아V 있던V 참새
⑧ 소달구지에서V 떨어진V 흙덩이
⑨ 여러V 마리V 병아리의V 엄마
⑩ 싹을V 틔운V 식물

10단원 27step 단원별 받아쓰기 급수표

① 기웃기웃V 살핀다.
② 텅V 빈V 편지함을V 본V 일
③ 개구리와V 두꺼비는V 친구
④ 동생과V 함께V 우산을V 쓴V 일
⑤ 말똥구리가V 즐겁게V 말똥을V 굴리는
⑥ 걸핏하면V 친구들과V 싸워서
⑦ 아무리V 쫓아V 보내려V 해도
⑧ 나를V 졸졸V 따라다니던V 강아지
⑨ 푸르고V 푸른V 바다
⑩ 정신을V 잃고V 바다로V 떨어졌습니다.

10단원 28step 단원별 받아쓰기 급수표

① 이렇게V 예쁘고V 아름다운
② 훌쩍훌쩍V 울기도V 했습니다.
③ 무서워서V 몸을V 벌벌V 떨며
④ 소리를V 버럭V 질렀습니다.
⑤ 날이V 어두워졌는데도
⑥ 어머니께서도V 걱정이V 돼서
⑦ 집에V 늦게V 오게V 됐다고
⑧ 일이V 계획한V 대로V 돼V 간다.
⑨ 우승하려면V 이번V 경기가V 잘돼야V 한다.
⑩ 나도V 이번V 경기에V 출전하게V 됐다.